JUSTIÇA EM FOCO
Estudos empíricos

JUSTIÇA EM FOCO

Estudos empíricos

Organizadora
FABIANA LUCI DE OLIVEIRA

CENTRO DE JUSTIÇA E SOCIEDADE

Copyright © 2012 Fabiana Luci de Oliveira, alguns direitos reservados

Esta obra é licenciada por uma Licença Creative Commons
Atribuição — Uso Não Comercial — Compartilhamento pela mesma Licença, 2.5 Brasil.
"Você pode usar, copiar, compartilhar, distribuir e modificar esta obra, sob as seguintes condições:
1. Você deve dar crédito aos autores originais, da forma especificada pelos autores ou licenciante.
2. Você não pode utilizar esta obra com finalidades comerciais.
3. Se você alterar, transformar, ou criar outra obra com base nesta, você somente poderá distribuir a obra resultante sob uma licença idêntica a esta.
4. Qualquer outro uso, cópia, distribuição ou alteração desta obra que não obedeça os termos previstos nesta licença constituirá infração aos direitos autorais, passível de punição na esfera civil e criminal."
Os termos desta licença também estão disponíveis em: <http://creativecommons.org/licenses/by-nc-sa/2.5/br/>

Direitos desta edição reservados à EDITORA FGV,
conforme ressalva da licença Creative Commons aqui utilizada:
Rua Jornalista Orlando Dantas, 37
22231-010 | Rio de Janeiro, RJ | Brasil
Tels.: 0800-021-7777 | 21-3799-4427
Fax: 21-3799-4430
editora@fgv.br | pedidoseditora@fgv.br
www.fgv.br/editora

Impresso no Brasil | *Printed in Brazil*

Os conceitos emitidos neste livro são de inteira responsabilidade dos autores.

PREPARAÇÃO DE ORIGINAIS: Ronald Polito
EDITORAÇÃO ELETRÔNICA: Santa Fé ag.
REVISÃO: Sandro Gomes dos Santos | Tathyana Viana
PROJETO GRÁFICO DE CAPA: 2abad

**Ficha catalográfica elaborada pela
Biblioteca Mario Henrique Simonsen**

Justiça em foco: estudos empíricos / Org. Fabiana Luci de Oliveira. – Rio de Janeiro: Editora FGV, 2012.
208 p.

Inclui bibliografia.
ISBN: 978-85-225-0984-3

1. Justiça – Brasil. 2. Poder Judiciário – Brasil. 3. Pesquisa jurídica – Brasil. I. Oliveira, Fabiana Luci de. II. Fundação Getulio Vargas.

CDD – 341.256

Sumário

APRESENTAÇÃO   7
O sistema de Justiça brasileiro sob olhares empíricos
FABIANA LUCI DE OLIVEIRA

PARTE I   13
Pesquisa empírica sobre o sistema de Justiça no Brasil:
o que já foi feito?

CAPÍTULO 1   15
Estudos, pesquisas e dados em Justiça
MARIA TEREZA AINA SADEK | FABIANA LUCI DE OLIVEIRA

CAPÍTULO 2   63
Livros sobre o sistema de Justiça no Brasil: um recorte
de publicações resultantes de pesquisa empírica
LEANDRO MOLHANO RIBEIRO | FABIANA LUCI DE OLIVEIRA

CAPÍTULO 3   97
Pesquisa empírica em direito no Brasil: o estado da arte
a partir da plataforma Lattes e dos encontros do Conpedi
ROBERTO FRAGALE FILHO | RODOLFO NORONHA

PARTE II 145
Pesquisa empírica sobre o sistema de Justiça no Brasil:
o que está sendo feito?

CAPÍTULO 4 147
O princípio da insignificância nos crimes contra
o patrimônio e contra a ordem econômica:
análise das decisões do Supremo Tribunal Federal
PIERPAOLO CRUZ BOTTINI | ANA CAROLINA CARLOS DE OLIVEIRA
DOUGLAS DE BARROS IBARRA PAPA | THAÍSA BERNHARDT RIBEIRO

CAPÍTULO 5 177
Trajetórias de mulheres incriminadas por aborto
no Tribunal de Justiça do Estado do Rio de Janeiro:
uma análise a partir dos atores e dos discursos
do sistema de Justiça Criminal
JOSÉ RICARDO CUNHA | RODOLFO NORONHA | CAROLINA ALVES VESTENA

Sobre os autores 205

APRESENTAÇÃO
O sistema de Justiça brasileiro sob olhares empíricos

FABIANA LUCI DE OLIVEIRA

O livro *Justiça em foco: estudos empíricos* é resultado de uma parceria entre a FGV Direito Rio e a Fundação Ford, cujo objetivo é mapear as pesquisas empíricas já realizadas sobre o sistema de Justiça brasileiro.

Há um paradigma fortemente estabelecido no direito, que concebe pesquisa jurídica como levantamento bibliográfico e análise crítica com confronto de teses, com o predomínio de pesquisas teóricas e dogmáticas. O primeiro desafio do projeto, portanto, consiste no enfrentamento desse *status*: as pesquisas realizadas no campo jurídico no Brasil têm sido tradicionalmente mais teóricas do que empíricas.

O desprestígio da abordagem empírica nas pesquisas jurídicas se evidencia ainda mais quando se observa que a vasta maioria dos cursos de direito no país não possui tradição em pesquisa empírica. Na maioria dos cursos não há sequer disciplinas voltadas para a metodologia de pesquisa empírica (Sadek, 2002:255). Com isso, o desprestígio pode ser lido também como desconhecimento dessa metodologia.

Contudo, essa não é uma singularidade brasileira. Mesmo nos Estados Unidos, onde o campo de Empirical Legal Studies (ELS) se encontra hoje bastante desenvolvido, e a metodologia empírica começou a ganhar proeminência no mundo jurídico já a partir da década de 1990, os cursos de direito só começaram muito recentemente a se preocupar em incorporar à sua grade disciplinas voltadas à metodologia de pesquisa empírica. Na introdução do livro *The Oxford handbook of empirical legal research*, escrita em fevereiro de 2010, Peter Cane e Herbert Kritzer (2010:3) apontam:

> *In the United States, Law schools are just beginning to think about how empirical legal research activities can be integrated into the Law school curriculum; and while texts on law and social science have been around since at least 1969, the first Law school text intended specifically for courses on empirical legal studies, Empirical Methods in Law by Robert M. Lawless, Jennifer K. Robbennolt, and Thomas S. Ulen, appeared in late 2009.*

Esse cenário de desprestígio, no entanto, vem aos poucos mudando no Brasil, com a percepção de que, para realizar diagnósticos mais precisos que possibilitem não apenas aprofundar o conhecimento sobre o funcionamento do sistema de Justiça, mas também propor melhorias, é necessário ter o respaldo de dados. É cada vez mais difundida a ideia de que para a formulação e promoção de políticas públicas eficazes de melhoria do sistema e do incremento do acesso à Justiça é imprescindível primeiro a coleta, sistematização e análise de dados que permitam avaliar a performance do sistema, identificando seus principais problemas e indicando pontos de mudança.

Uma vez que se reconhece o diagnóstico de que pesquisa empírica não é central entre os pesquisadores do direito, a estratégia de mapeamento dos trabalhos empíricos sobre sistema de Justiça no Brasil não se restringe ao campo acadêmico do direito, mas integra outras disciplinas das ciências sociais (sociologia, ciência política, antropologia etc.).

Isso posto, é preciso definir o que se entende por pesquisa empírica. Empírica é a pesquisa baseada na observação sistemática da realidade, na recolha de informações e transformação dessas informações em dados (codificação), com o intuito de descrever, compreender e explicar a realidade observada.

A observação sistemática da realidade pode dar-se de diversas formas (técnicas), incluindo entrevistas quantitativas (*surveys*) ou qualitativas (entrevistas em profundidade, narrativas e histórias de vida etc.), etnografia, uso de documentos, experimentos, decisões etc. (Cane e Kritzer, 2010).

Segundo Baldwin e Davis (2003), a pesquisa empírica no campo do direito envolve o estudo de instituições, regras, procedimentos e operadores do direito, com o objetivo de compreender como operam e quais os efeitos que produzem na sociedade. Ou seja, o objetivo da pesquisa empírica é entender como o direito se concretiza na sociedade (Baldwin e Davis, 2003:880-881).

A pesquisa empírica pode ser de natureza quantitativa (baseada em dados numéricos, com o objetivo de quantificar evidências empíricas e modelar dados, possibilitando fazer inferências sobre a realidade ou fenômeno em estudo) ou qualitativa (que não se baseia em dados numéricos, mas sim em evidências empíricas sobre valores, crenças e representações, visando aprofundar e muitas vezes dar voz aos atores envolvidos na realidade ou fenômeno estudado). Esta é a concepção de empiria que orienta as pesquisas que dão origem a este livro.

O livro está estruturado em duas partes. A primeira, "Pesquisa empírica sobre o sistema de Justiça no Brasil: o que já foi feito?", é dedicada aos resultados do mapeamento de pesquisas empíricas já publicadas sobre o sistema de Justiça brasileiro e que deram origem tanto a estatísticas quanto a publicações acadêmicas. O mapeamento foi feito em seis frentes: (1) Scientific Electronic Library Online (Scielo); (2) anais da Associação Nacional de Pós-Graduação e Pesquisa em Ciências Sociais (Anpocs); (3) anais do Conselho Nacional de Pesquisa e Pós-Graduação em Direito (Conpedi); (4) acervo de publicações disponíveis na Livraria Cultura; (5) estatísticas oficiais sobre o sistema de Justiça e estudos voltados à produção de estatísticas judiciais, e (6) Plataforma Lattes do CNPq.[1]

A apresentação desse mapeamento se dá em três capítulos. O primeiro, "Estudos, pesquisas e dados em Justiça", de autoria de Maria Tereza Aina Sadek e Fabiana Luci de Oliveira, trata da produção brasileira de dados estatísticos

---

[1] A equipe de pesquisadores que participou do esforço de levantamento de dados contou com Gabriel de Souza Cerdeira, Alexandre Haguenauer, Eduardo Guido F. Cavalieri Doro e Thiago Corrêa, alunos de graduação da FGV Direito Rio. E com Izabel Nuñez, mestranda em sociologia e direito na UFF e pesquisadora do Núcleo de Pesquisa do Centro de Justiça e Sociedade (CJUS) da FGV Direito Rio.

sobre o sistema de Justiça e também de estudos acadêmicos que tenham sido publicados nas revistas da base do Scielo ou apresentados nos encontros da Anpocs.

No segundo capítulo, "Livros sobre o sistema de Justiça no Brasil: um recorte de publicações resultantes de pesquisa empírica", Leandro Molhano Ribeiro e Fabiana Luci de Oliveira apresentam um arrolamento de livros sobre o sistema de Justiça no Brasil que têm base empírica e foram publicados entre 1997 e 2011, localizados a partir do acervo de publicações disponível na Livraria Cultura.

Em "Pesquisa empírica em direito no Brasil: o estado da arte a partir da plataforma Lattes e dos encontros do Conpedi", terceiro capítulo, os autores Roberto Fragale Filho e Rodolfo Noronha abordam os trabalhos empíricos apresentados nos Encontros do Conpedi e os trabalhos publicados de pesquisadores que se autoclassificam como fazendo pesquisa empírica em direito em seus currículos Lattes.

Uma primeira observação a fazer com relação aos resultados desse mapeamento é que ainda há pouca confluência entre direito e as demais ciências sociais no que se refere aos espaços de divulgação e discussão de pesquisas. Cruzando as bases de dados da Anpocs e do Scielo temos 10% de correspondência entre os 158 autores dos trabalhos. Mas, quando comparamos os 158 autores das bases Anpocs e Scielo com os 392 autores das bases do Conpedi e do Lattes (autoclassificação em pesquisa empírica), apenas cinco autores coincidem. Há ainda muita dispersão e parece haver pouco diálogo entre os pesquisadores empíricos do direito no Brasil.

Outro diagnóstico que os dados permitem fazer é que, embora venha ocorrendo uma melhora na produção de dados e pesquisas empíricas sobre sistema de Justiça no Brasil, ainda há muitos vazios a serem preenchidos. A produção de pesquisa empírica é residual, sobretudo no mundo acadêmico do direito. Para que a pesquisa empírica se consolide no país, é preciso um movimento maior de valorização, divulgação e incorporação da metodologia empírica de pesquisa no estudo dos fenômenos jurídicos. Ademais, é fundamental que os cursos de direito no país, especialmente os de pós-graduação, incorporem às suas grades curriculares o ensino de metodologia e técnicas de pesquisa empírica.

A segunda parte do livro, "Pesquisa empírica sobre o sistema de Justiça no Brasil: o que está sendo feito?", é dedicada à publicação de dois trabalhos ainda inéditos. Os estudos foram selecionados em virtude da relevância dos grupos de pesquisa que os empreenderam, da originalidade dos temas tratados e da acuidade com que empregam a metodologia empírica no desenho (planejamento) e na realização da pesquisa (coleta e análise de dados).

A primeira destas pesquisas, apresentada no quarto capítulo, "O princípio da insignificância nos crimes contra o patrimônio e contra a ordem econômica: análise das decisões do Supremo Tribunal Federal", foi realizada pelo grupo de Direito Penal da Faculdade de Direito da USP, coordenado pelo professor doutor Pierpaolo Cruz Bottini. Nesse capítulo, os autores Pierpaolo, Ana Carolina Carlos de Oliveira, Douglas de Barros Ibarra Papa e Thaísa Bernhardt Ribeiro apresentam os principais resultados da pesquisa, revelando e discutindo a forma como o Supremo Tribunal Federal entende e emprega o princípio da insignificância, a partir da análise quantitativa e qualitativa das decisões do tribunal entre os anos de 2005 e 2009.

O quinto capítulo traz a pesquisa realizada pelo grupo "Direitos Humanos, Poder Judiciário e Sociedade", da Uerj, coordenado pelo professor doutor José Ricardo Cunha. No capítulo intitulado "Trajetórias de mulheres incriminadas por aborto no Tribunal de Justiça do Estado do Rio de Janeiro: uma análise a partir dos atores e dos discursos do sistema de Justiça Criminal", José Ricardo, Rodolfo Noronha e Carolina Alves Vestena discutem a incriminação penal da mulher pelo aborto, tendo como fonte de dados processos judiciais do Tribunal de Justiça do Estado do Rio de Janeiro, assim como entrevistas com os operadores do Tribunal do Júri (juízes, membros do Ministério Público e da Defensoria Pública etc.).

Este livro é mais que o resultado de um diagnóstico de pesquisa. Espera-se que suas fontes e trabalhos possam contribuir para a quebra do paradigma da pesquisa jurídica predominantemente bibliográfica, promovendo o interesse no estudo e emprego da metodologia empírica em pesquisas jurídicas.

Fabiana Luci de Oliveira
Dezembro de 2011

Referências

BALDWIN, John; DAVIS, Gwynn. Empirical research in law. In: CANE, Peter; TUSHNET, Mark (Ed.). *The Oxford handbook of legal studies*. Oxford: Oxford University Press, 2003.

CANE, Peter; KRITZER, Herbert (Ed.). *The Oxford handbook of empirical legal research*. Oxford: Oxford University Press, 2010.

SADEK, Maria Tereza. Estudos sobre o sistema de Justiça. In: MICELI, Sérgio (Org.). *O que ler na ciência social brasileira (1970-1995)*. São Paulo: Sumaré, 2002. v. IV.

PARTE I
Pesquisa empírica sobre o sistema de Justiça no Brasil: o que já foi feito?

CAPÍTULO 1
Estudos, pesquisas e dados em Justiça

MARIA TEREZA AINA SADEK

FABIANA LUCI DE OLIVEIRA

Nosso objetivo neste capítulo é fazer um mapeamento dos trabalhos sobre o sistema de Justiça brasileiro que se basearam para sua realização em metodologias empíricas de pesquisa.

Para esse mapeamento observamos a produção no país tanto de dados estatísticos quanto de estudos acadêmicos. E por que olhar para o passado?

Já se tornou tão usual afirmar que o país vivenciou profundas transformações nas últimas décadas, alterando significativamente seu perfil, que muitas vezes se esquece do que foi feito no passado. A indiscutível mudança, contudo, não nasceu do nada e tampouco justifica que se ignorem inequívocos ganhos conquistados anteriormente.

A existência de um acervo formado por estudos e informações sobre a Justiça, suas instituições e impactos na sociedade são exemplos que demonstram essa falácia que descreve um passado sem nada, vazio, e um depois iluminado, com dados e pesquisas.

Assim, os adeptos deste "criacionismo" recente certamente se surpreenderão com as primeiras estatísticas realizadas no país, logo no início do século XX. Com efeito, nelas, por mais inusitado que possa parecer, está reservado um espaço significativo para questões relacionadas à Justiça. Ainda que esses esforços não tenham se constituído em uma política, há um conjunto apreciável de informações que não pode ser desprezado.

Da mesma forma, há um considerável número de estudos sobre o Estado e a sociedade brasileira desenvolvidos nas primeiras décadas do século passado, que incluíam questões relacionadas ao direito e à Justiça. A despeito de serem interpretações genéricas, com esparsos dados empíricos, não haveria como negar a proposição de análises sobre a realidade nacional com explícitas referências a problemas de natureza legal e institucional.

Essas afirmações não implicam desconhecer o salto em quantidade e em qualidade verificado nas últimas décadas, a partir da redemocratização do país. A criação do Conselho Nacional de Justiça (CNJ) tem exercido um papel relevante no que se refere à coleta de dados e à preocupação com pesquisas. Por outro lado, deve ser destacado que os cursos de ciências sociais passaram a incorporar, com muito mais ênfase, questões relacionadas à Justiça e ao direito, aumentando significativamente o número de teses, artigos, livros e pesquisas nessa área temática. Mesmo as faculdades de direito, com menor tradição em investigações de caráter empírico, têm contribuído para o crescimento da produção de estudos e pesquisas sobre as instituições de Justiça.

O que se pretende enfatizar, entretanto, é a existência de um patrimônio. Em consequência, um balanço dos dados e pesquisas sobre a Justiça exige um recorte temporal mais amplo, que se inicia no início do século passado.

O capítulo está dividido em duas partes. Na primeira será exposto, ainda que sumariamente, o acervo de dados e estudos sobre a Justiça. Assim, se fará menção às primeiras estatísticas empreendidas no país relativas à Justiça e a como, posteriormente, o Instituto Brasileiro de Geografia e Estatística (IBGE) — a mais importante instituição pública encarregada da coleta de dados — tratou o tema da Justiça. Nesta parte também serão contempladas as primeiras interpretações sobre a Justiça e seus impactos no desenvolvimento ulterior de estudos feitos nas áreas do direito e das ciências sociais.

Na segunda parte será apresentado um mapeamento dos estudos e das pesquisas mais recentes realizados nos campos do direito e das ciências sociais, tendo como tema o sistema de Justiça, suas instituições e seus integrantes.

Estatísticas: uma percepção sobre a Justiça

Estatísticas não são neutras nem uma reprodução imparcial e completa da realidade. Os dados colhidos exibem uma imagem que acentua determinados traços e põe na sombra ou deixa de lado outros. Trata-se, mais propriamente, de uma percepção sobre o que se considera significativo e como cada uma dessas informações participa do conjunto.

Nesse sentido, censos demográficos apontando o tamanho da população, suas características, atividades e instituições revelam, além de uma específica percepção sobre a sociedade e seus valores, também o momento político. Assim, os dados fazem transparecer, à sua maneira, as situações democráticas e as autoritárias, quais as atividades vistas como centrais e as consideradas periféricas, o diferente grau de apreço às instituições e até mesmo os valores de natureza moral.

As primeiras estatísticas realizadas no país exemplificam cabalmente essas propriedades dos dados e de sua potencialidade de compor uma determinada imagem. Elas são anteriores à criação do IBGE.[1]

Os dados que compõem o primeiro anuário mais abrangente do período republicano,[2] publicado em 1916, mas referente ao período de 1908 a 1912, são instigantes e merecem um destaque especial. Nele, há informações que vão além da contagem populacional, modelando uma imagem do país destinada não só à sua elite, mas voltada para divulgar o Brasil além das fronteiras nacionais. Com efeito, suas legendas são bilíngues: em português e em francês.

Igualmente significativo é o fato de o Judiciário ser alçado a uma posição de proeminência na organização estatal, sobretudo quando se leva em consideração seu baixo grau de institucionalização e sua força efetiva na tripartição dos poderes.

São bastante completas as informações sobre o movimento processual da mais alta corte de Justiça, sobre a organização da segurança pública e da repressão, bem como são abundantes as informações sobre os delitos.

---

[1] O IBGE foi criado em 1934 e instalado em 1936, com o nome de Instituto Nacional de Estatística. O nome atual é de 1938.
[2] Em 1750, a mando da Coroa portuguesa foram colhidos os primeiros dados oficiais sobre a população brasileira, com objetivos principalmente militares. Os primeiros anuários após a República se restringiram a coletar informações estritamente demográficas.

No primeiro volume, intitulado *Território e população*, a divisão judiciária e administrativa participa de uma das páginas iniciais, logo depois da descrição do "aspecto do céo", do território, do clima, da divisão política e da estatística eleitoral. A divisão judiciária já se distinguia da divisão administrativa.

O trabalho da Justiça aparece com uma riqueza de detalhes surpreendente. Há informações bastante completas sobre o movimento de processos entrados e julgados no Supremo Tribunal, por natureza, para todos os anos, podendo-se verificar, inclusive, que era insignificante o número de ações originárias. Há a discriminação entre o trabalho da Justiça Civil e da Justiça Criminal. A Justiça Federal — ainda em seus primeiros anos de vida — é objeto de várias tabelas, notando-se a predominância de causas criminais sobre as cíveis e a defasagem entre o número de processos entrados e os julgados. No que diz respeito ao resultado dos julgamentos, é possível acompanhar, ano a ano, as decisões de acordo com a natureza do processo, podendo-se examinar, por exemplo, no total de recursos recebidos, quantos tiveram sentença inteiramente confirmada, em parte ou reformadas; qual o percentual de julgamentos referente a conflito de jurisdição. São especificados os custos judiciários. A publicação apresenta também tabelas com números sobre o movimento dos processos na Justiça do Distrito Federal, por unidade judiciária e por vara.

Nenhuma questão, porém, é captada em tantos ângulos e com tantas cores quanto a que retrata os delitos, seu autor e as punições. Em dois volumes — os de número 1 e 3 — são encontrados dados relativos aos condenados, às prisões e à natureza dos delitos. No volume de número 1, a Casa de Detenção do Distrito Federal é descortinada mediante estatísticas que revelam: o movimento dos detentos (existentes no início do ano; entrados durante o ano; saídos durante o ano; existentes no final do ano); o movimento dos condenados; a natureza dos crimes; a classificação dos condenados por nacionalidade; por idade; por estado civil; por grau de instrução. No conjunto de variáveis demográficas, apenas uma característica está ausente: a cor do indivíduo. No volume de número 3, que leva o título *Cultos, assistencia, repressão e instrucção*, nada menos do que um total de 78 páginas é dedicado ao movimento geral dos condenados, aos motivos das condenações, às características individuais dos condenados, tanto os que deram entrada como os que saíram das penitenciárias. Desta vez, no entanto, os dados referem-se ao país como um todo, sendo desagregados por unidade da federação e por município e também de acordo com aqueles que deram entrada e aqueles que saíram das prisões. As informações contemplam um maior número de variáveis. Além dos indicadores demográficos — sexo, tipo de filiação, raça, nacionalidade, idade, estado civil, grau de instrução, profissão —, há dados sobre os motivos da condenação, sobre a pena imposta, sobre antecedentes criminais e judiciários, sobre a conduta na prisão, sobre os motivos que levaram à saída da prisão. Em resumo, tem-se um retrato de corpo inteiro e multifacetado da população encarcerada.

Os anuários seguintes, publicados nos anos de 1936, 1938 e 1939-40, apresentam uma expressiva diferença quando contrastados com o primeiro. No que diz respeito à Justiça, embora tenha sido mantida a divisão judiciária do país, os tribunais perderam espaço. Mesmo na publicação de 1936, portanto anterior ao início do Estado Novo, não consta nenhuma menção à movimentação dos tribunais. Nos anuários seguintes aparecem apenas dados sobre a cúpula do Poder Judiciário, a então denominada Corte Suprema, mas com um grau significativamente menor de detalhes.

Tornando manifestas as características do regime autoritário instalado em 1937, os censos de 1938 e de 1939-40 reproduzem a debilidade do Poder Judiciário. Todo o sistema judicial está contido em apenas duas páginas, em cada uma das publicações. Pela primeira vez, há referência ao Ministério Público, muito embora conste da tabela somente dados sobre sua organização. O anuário de 1939-40 expõe, na primeira das duas páginas dedicada à Justiça, informações sobre o Tribunal de Segurança Nacional (TSN) — a rigor, a Justiça de Exceção que, de fato, tinha efetividade no período.

A ausência de dados sobre os tribunais e os demais órgãos do Judiciário é contrabalançada com informações abundantes sobre a criminalidade e a repressão.

O fim do Estado Novo e a redemocratização do país não provocaram efeitos positivos nas estatísticas, no sentido de ampliar o número de variáveis coletadas e de recuperar o modelo do início do século. Nos anuários relativos ao período de 1945 a 1964 são escassas as informações oferecidas relativas ao sistema de Justiça e também quanto aos delitos e seus autores. O STF é praticamente o único órgão contemplado entre os que formam o Poder Judiciário. A divisão judiciária é excluída do rol de informações. Os dados sobre a repressão perdem em especificidade. Ademais, embora já houvesse sido criada a Justiça do Trabalho, as informações sobre as juntas de Conciliação e Julgamento não aparecem no capítulo reservado ao Judiciário, mas no capítulo dedicado ao "trabalho", portanto, ao lado de dados sobre o número de carteiras profissionais, da renda arrecadada pela expedição de carteiras profissionais etc.

O anuário de 1947 não permite reconhecer a mudança na situação política e constitucional. Os dados relativos à Justiça, como dissemos, restringem-se ao STF. Sua movimentação é apresentada para o período de 1944 a 1946, sem nenhum corte, como se nada houvesse ocorrido na organização institucional do país.

Em 1950, o item reservado à Justiça passa a trazer dados sobre os cartórios existentes, por estado e municípios das capitais.

A publicação de 1955, com base nos anos 1952, 1953 e 1954, também se limita ao STF. O anuário de 1956 inaugura um tipo de informação que será repetido nos exemplares seguintes, em 1960 e 1962. Além de dados sobre o movimento do STF e dos cartórios, há o registro do número de integrantes do Poder Judiciário, por unidade da Federação, distinguindo a magistratura judicante do Ministério Público. Os judicantes eram discriminados em: juízes de direito, juízes substitutos, juízes municipais ou de termo, juízes de paz ou distritais, suplentes de juiz de paz e outros membros do corpo judicante.[3] O Ministério Público, por sua vez, compreendia: promotores públicos, promotores públicos substitutos ou adjuntos, advogados de ofício ou defensores públicos e outros membros do Ministério Público.

Em resumo, o período democrático inaugurado em 1945 foi marcado pela expressiva queda tanto na qualidade como na quantidade dos dados relativos ao sistema de Justiça. Ainda que algumas informações continuassem a ser coletadas, o grau e o número de particularidades foram consideravelmente menores quando comparados com o que havia anteriormente.

---

[3] Apenas para ilustrar, registre-se que o corpo judicante totalizava 19.187 indivíduos em 1960 e 20.359 em 1962.

Os anuários publicados durante o período militar, que se inicia em 1964, refletem a natureza do regime. É visível a descaracterização do Judiciário como um poder de Estado e as alterações em sua estrutura, seu perfil e suas atribuições. Também a divisão judiciária do país não é considerada uma informação relevante. Permanece a alteração feita em 1963, com a Justiça deixando de constituir um capítulo especial, integrando um capítulo denominado "Justiça e Segurança Pública". A Justiça do Trabalho continua a ser incluída no capítulo referente ao trabalho e à situação social, e não um ramo do Poder Judiciário.

No anuário de 1965, o título "Justiça e Segurança Pública" compunha-se dos subitens: organização; movimento judiciário; movimento policial; movimento de outros serviços de segurança pública. As informações relativas à segurança pública ocupam cinco vezes mais espaço que as atinentes à Justiça. Além dessas informações, há dados sobre o efetivo do pessoal do corpo judicante e do Ministério Público, bem como sobre os cartórios. Apenas a movimentação do STF é contemplada.

Os exemplares de 1970 e de 1975 são ainda mais parcimoniosos em relação ao Judiciário. Sob o título "Justiça e Segurança Pública" apenas uma página é dedicada ao movimento de processos e acórdãos no STF, em função da matéria e da procedência. Em contraste, são abundantes os dados sobre a segurança.

O foco exclusivo no STF repete-se nos anuários de 1980, de 1985 e de 1987-88, sendo especificados os processos distribuídos e acórdãos publicados; os processos julgados. Acrescentaram-se às informações anteriores os ramos do direito e o assunto relativo aos processos com acórdãos publicados. A partir desses dados é possível saber que as matérias cíveis predominavam sobre as criminais, que assuntos processuais ocuparam mais da metade da pauta de deliberações do tribunal, durante os anos de 1977 a 1979, de 1982 a 1984 e de 1985 a 1987. Tal como se observava nas publicações anteriores, os dados referentes aos cartórios trazem informações sobre a localização, o tipo de atividade, a espécie, por unidade da Federação.

Uma análise longitudinal diria que são notáveis os sinais da redemocratização política nos anuários a partir de 1988. Refletindo a Constituição de 1988, também nos anuários o Poder Judiciário passa a ocupar um espaço cada vez mais significativo. Com efeito, a Justiça Estatal deixa de corresponder apenas aos dados relativos ao STF. As estatísticas passam a incluir tanto os demais tribunais como a Justiça Federal e a Justiça dos estados. Além disso, são fornecidas informações sobre despesas com a Justiça Estatal.

No que se refere à segurança pública, os dados evidenciam uma mudança de concepção. As informações dizem respeito, sobretudo, a acidentes de trânsito e ao corpo de bombeiros. Por outro lado, os dados sobre prisões (crimes comuns), bastante completos até 1989 e comparáveis aos coletados no início do século, deixam de ser publicados.

Uma análise mais detida mostra, contudo, que o indiscutível fortalecimento do Judiciário não apareceu de imediato nas publicações do IBGE. A rigor, os primeiros anuários após a redemocratização do país continuaram privilegiando exclusivamente o órgão de cúpula do Poder Judiciário. Assim, há estatísticas atinentes ao STF, sobre processos autuados e julgados, segundo a espécie, a matéria, o resultado, e processos julgados com acórdãos publicados, segundo o ramo do direito e assunto. Este foco exclusivo no STF permaneceu até 1997. Apesar dessa grave deficiência, estão disponíveis, desde 1990, informações importantes sobre despesa fixada da União, segundo os poderes e órgãos auxiliares e, portanto, relativa ao Poder Judiciário. Esse dado é fundamental para uma avaliação sobre o desempenho deste poder.

O anuário de 1997 representa uma mudança de qualidade nas informações sobre a Justiça. Os dados sobre o Judiciário incluem: processos distribuídos e julgados pelo Superior Tribunal de Justiça (STJ); embargos de declaração e agravos regimentais do STF; movimento processual do STJ; processos entrados e julgados nas justiças Comum, Federal e do Trabalho de 1º grau; movimento forense nacional; cargos previstos em lei e cargos providos nas justiças Comum, Federal e do Trabalho de 1º e 2º graus; movimento processual do Tribunal Superior do Trabalho (TST); movimento processual do Superior Tribunal Militar (STM).

No que diz respeito à repressão, aos delitos e à punição, deve ser ressaltado que embora esses dados constem de todos os levantamentos, desde o início do século XX, variou bastante o tipo de informação pesquisada. De modo geral, é possível constatar na sequência de anuários uma menor acuidade no grau de especificidade até seu desaparecimento nos anos 1990.

Além de informações sobre o Judiciário e a repressão, essas estatísticas também retratam a segurança pública e seus agentes. A despeito de a segurança pública ser subordinada ao Poder Executivo, a polícia tem papel significativo no sistema de Justiça. Além disso, os anuários trataram, durante a maior parte do tempo, os dois temas conjuntamente, em um mesmo capítulo.

As informações sobre a segurança pública são constantes, tornando-se abundantes durante o regime militar. A concepção sobre o significado da segurança pública sofreu importantes mudanças durante o transcorrer do século. A identidade inicial da segurança pública com a polícia acabou por se transformar em dados, praticamente exclusivos, sobre acidentes de trânsito.

O primeiro anuário apresenta dados sobre a divisão policial em cada uma das unidades da Federação, discriminando o número de chefaturas de polícia, de delegacias auxiliares, de delegacias e de subdelegacias.

Os anuários de 1938 e de 1939-40 não poupam informações sobre a segurança pública, especificando a composição dos efetivos segundo os quadros, sua composição segundo as categorias e postos, as verbas orçamentárias.

No anuário de 1947 os dados sobre a segurança pública referem-se apenas ao tamanho do efetivo da polícia militar, ao seu orçamento anual, à guarda civil, aos bombeiros e ao orçamento anual dessas corporações. Estas mesmas informações são colhidas em 1950, porém acrescidas do material existente, como número de bombas, de escadas mecânicas, de carros etc.

As informações contidas no anuário de 1955 sobre a segurança pública focalizam apenas o pessoal e o orçamento de duas corporações: a guarda civil e o serviço de trânsito. Já o anuário de 1960 é muito mais específico, permitindo que se tenha uma visão completa das organizações existentes e dos efetivos segundo a natureza, por unidade da Federação.

O grau de detalhe destas tabelas é repetido no anuário de 1965, o primeiro após o golpe de 1964.

O anuário de 1970, na mesma linha das publicações anteriores, confere maior ênfase ao tema, trazendo dados sobre as instituições de segurança pública, distinguindo a guarda civil, o serviço de trânsito, o corpo de bombeiros, e especificando o pessoal, a verba orçamentária, por unidade da Federação. Sintomaticamente, a corporação com maior número de informações é a menos suscetível de atuação política, o serviço de trânsito. Chegam-se a computar o número de candidatos examinados, quantos foram aprovados e quantos reprovados, a quantidade de motoristas amadores e profissionais, o número de carteiras expedidas.

O número de informações sobre a segurança pública cresce ainda mais e aumentam os detalhes nos anuários de 1980, de 1985 e de 1987, confirmando que esta área constituía-se em prioridade nas ações governamentais. A maior parte das tabelas, porém, diz respeito a acidentes de trânsito, aos veículos envolvidos, às vítimas, aos condutores envolvidos. Por fim, encontram-se também informações sobre suicídios e suicidas.

No anuário de 1989, tal como no de 1990 e no de 1994, a segurança pública engloba dados sobre o corpo de bombeiros, incêndios, suicídios e acidentes de trânsito, segundo as unidades da federação. A tendência de transformar a segurança pública em problemas ligados principal ou exclusivamente aos acidentes de trânsito ganha toda a sua força no anuário de 1995. Estão ali reunidas informações que permitem quantificar o número de acidentes com vítimas fatais e não fatais e segundo o tipo de acidente, com vítimas ou somente com danos materiais. Nenhuma outra instituição relacionada à segurança pública é mencionada. Esta mesma percepção é repetida nos anuários de 1996, 1997 e 1998.

De forma bastante sintética, pode-se afirmar que as publicações estatísticas encarregadas dos anuários demográficos operaram, desde os anos 1930 até o início da década de 1990, uma gradativa fusão entre a Justiça e a segurança pública, com o inequívoco predomínio da segurança pública. Verifica-se também o desaparecimento, a partir de 1950, da referência à divisão judiciária; a atenção concentrada no STF e, consequentemente, a total ausência de informações quer sobre os outros tribunais, quer sobre a Justiça Federal ou sobre a Justiça Comum de primeiro e segundo graus. De fato, um exame dos anuários ao longo do século mostra que a atuação da Justiça dos estados, tanto de primeira como de segunda instância, foi ignorada; a Justiça Federal foi igualmente desprezada; a Justiça do Trabalho, por sua vez, foi deslocada da estrutura do Judiciário para o universo do trabalho.

A rigor, o anuário de 1965 dá nome a uma tendência que tem origem nos anos 1930: a associação da Justiça com a segurança pública. Ora, esse casamento, que dura até os dias atuais, não se baseou em relações igualitárias. Ao contrário, até o início da década de 1990, a segurança pública imperou, garantindo a predominância das informações sobre prisões, crimes, repressão, qualificações sobre o autor de contravenções e crimes, punições — ainda que com menor grau de detalhe, se comparadas às do início do século. As imagens sobre o Judiciário, por sua vez, acabaram se resumindo àquelas de seu órgão de cúpula. Desta forma, a Justiça — Judiciário — transforma-se em receptora e produtora de processos, exclusivamente em grau de recurso. Processos tornam-se apenas números, escondendo a natureza das ações e as características capazes de qualificar seus autores e os conflitos. Os ventos democráticos, pós-Constituição de 1988, favoreceram um novo equilíbrio, com as instituições judiciais — ainda que mantida a união com a segurança pública — voltando a constar do capítulo sobre a Justiça, com informações sobre todos os órgãos que compõem o Poder Judiciário.

Caberia salientar que em 1988, pela primeira vez, a Pesquisa Nacional por Amostra de Domicílio (Pnad) incluiu, entre suas questões, indagações relativas à vitimização e canais de resolução de conflitos. Esta iniciativa propiciou a geração de um banco de dados extremamente relevante para subsidiar hipóteses de pesquisa e orientar políticas públicas. A repetição dessa pesquisa só voltou a ocorrer em 2010, quando o Censo incorporou questões dessa natureza.

Outro marco importante na produção de estatísticas sobre o sistema de Justiça, mais precisamente o Poder Judiciário, foi a criação do Banco Nacional de Dados do Poder Judiciário (BNDPJ), em 1989, pelo então presidente do STF, ministro Néri da Silveira. A ideia do ministro era reunir estatísticas judiciárias e administrativas de todos os tribunais do país. De acordo com informativo do STF,

> o BNDPJ recolhe trimestralmente das Justiças dos Estados, da Justiça Federal, Militar e do Trabalho, informações sobre a quantidade de cargos de juiz — existentes e providos —, concursos realizados e em andamento, número de processos entrados

e julgados, natureza das causas, número de comarcas, varas e juizados existentes, entre outras [STF, informativo 1º ago. 1995].[4]

O BNDPJ foi regulamentado pela Resolução nº 285, de 2004, pelo então presidente do tribunal, ministro Maurício Corrêa. Essa resolução determinava que além dos dados já indicados acima fossem coletados, entre outros, o número total de ações por habitantes, a proporção de ações cíveis e criminais, a percentagem de processos cuja parte fosse a adminsitração pública, o tempo médio para o julgamento final dos processos em cada instância, contado do recebimento do processo etc.[5]

Contudo, o BNDPJ foi extinto em 2006 e foi criado o Sistema de Estatística do Poder Judiciário (SIESPJ), instituído pela Resolução-CNJ no 15/2006.[6] O SIESPJ passou, então, a ser o repositório oficial de dados da Justiça brasileira, sendo responsável pela publicação anual do relatório *Justiça em números*.

O *Justiça em números* teve sua primeira edição em 2004. Os relatórios baseiam-se nos dados disponibilizados sobre processos distribuídos e julgados por todos os tribunais do país. O *Justiça em números* traz também informações sobre a quantidade de juízes, as despesas do tribunal, recolhimentos e receitas, informática, taxa de congestionamento e carga de trabalho dos juízes.[7]

O CNJ conta ainda com o Departamento de Pesquisas Judiciárias,[8] cujo objetivo é desenvolver "pesquisas, estudos e sistemas de informação para o aprimoramento do Poder Judiciário, bem como fornece[r] suporte técnico e institucional às ações do CNJ".

Outra iniciativa de produção e análise de dados estatísticos sobre o Judiciário é o projeto da Faculdade de Direito da Fundação Getulio Vargas do Rio de

---

[4] Disponível em: <www.stf.jus.br/arquivo/informativo/documento/informativo1.htm>. Acesso em: 20 nov. 2011.
[5] Resolução disponível em: <www.stf.jus.br/ARQUIVO/NORMA/RESOLUCAO285.PDF>. Acesso em: 20 nov. 2011.
[6] Resolução disponível em: <www.cnj.jus.br/atos-administrativos/atos-da-presidencia/323-resolucoes/12130-resolu-no-15-de-20-de-abril-de-2006>. Acesso em: 20 nov. 2011.
[7] Para mais informações, consultar o site do CNJ em: <www.cnj.jus.br/programas-de-a-a-z/eficiencia-modernizacao-e-transparencia/pj-justica-em-numeros>.
[8] Informações disponíveis em: <www.cnj.jus.br/pesquisas-judiciarias>.

Janeiro, "Supremo em Números".[9] Esse projeto tem como foco a análise quantitativa dos processos julgados e em andamento no Supremo, a partir de 1988 — de acordo com a descrição do projeto, são cerca de 1,2 milhão de processos —, sendo 1.132.850 já julgados e 89.252 ainda ativos, 240 mil advogados, 1 milhão de partes e mais de 370 mil decisões.

Além de dados estatísticos sobre a movimentação processual, é importante mencionar dois outros projetos, que visam avaliar a percepção e a experiência dos brasileiros com as instituições da Justiça, com foco primordial no Poder Judiciário.

O primeiro destes estudos é o ICJBrasil (Índice de Confiança na Justiça Brasileira),[10] conduzido pela Faculdade de Direito da Fundação Getulio Vargas de São Paulo. Trata-se de um *survey* trimestral, em andamento desde 2009, que foca a percepção dos brasileiros sobre o desempenho das instituições da Justiça e a experiência da população com essas instituições.

O outro estudo é o Sistema de Indicadores de Percepção Social (Sips),[11] do Ipea. Esse estudo foi realizado em 2010, com o objetivo de identificar a avaliação da população sobre as instituições da Justiça, no mesmo sentido do ICJBrasil.

E, por fim, é possível obter informações sobre o funcionamento dos Tribunais Superiores, do STF e dos Tribunais de Justiça estaduais na publicação *Anuário da Justiça*. A publicação traz também o perfil dos integrantes desses órgãos e suas principais decisões. O *Anuário* é publicado, desde 2007, pelo Consultor Jurídico (Conjur).[12]

Primeiras interpretações sobre a Justiça

O sistema de Justiça só passou a constar com peso na agenda da ciência política e das ciências sociais no Brasil nos anos de 1990, quando os efeitos da Constituição de 1988 começaram a ficar mais perceptíveis (Sadek, 2002).

---

[9] Informações disponíveis em: <www.supremoemnumeros.com.br/sobre/>.
[10] Informações disponíveis em: <http://bibliotecadigital.fgv.br/dspace/handle/10438/8700>.
[11] Informações disponíveis em: <www.ipea.gov.br/portal/images/stories/PDFs/SIPS/101117_sips_justica.pdf>.
[12] Informações disponíveis em: <www.anuariodajustica.com/>.

Na década de 1970 a importância do sistema de Justiça começa a ser debatida com foco nos direitos humanos e na discussão sobre a redemocratização. Referências importantes em pesquisa empírica nesse período são: Joaquim Falcão, Cláudio Souto e Solange Souto, na Universidade Federal de Pernambuco, desenvolvendo estudos sobre percepção de Justiça, ensino jurídico no Brasil, conflitos entre posseiros e proprietários, direito informal e sobre a polícia como espaço público para a solução de conflitos (Sadek, 2002).

Nesse mesmo período, em São Paulo, no Rio de Janeiro e em Minas Gerais, pesquisadores se voltavam para o estudo de temas relacionados à criminalidade e à violência, abordando as instituições do sistema de Justiça de forma transversal. Edmundo Campos Coelho, Antonio Paixão, Sergio Adorno e Paulo Sérgio Pinheiro são nomes de destaque nesse campo.

O tema do acesso à Justiça ganha força no país durante a década de 1980. E Sadek lembra, com Junqueira (1996), que esse interesse no Brasil surge de forma não vinculada ao movimento internacional denominado Florence Project por Capelletti e Garth (1988) — projeto do qual o Brasil não fazia parte. Eliane Junqueira (1996) afirma em seu trabalho que o tema do acesso à Justiça no Brasil ganhou o interesse dos pesquisadores brasileiros nos anos 1980, com foco nos canais alternativos de resolução de conflitos, diferentemente do que ocorreu na Europa e nos Estados Unidos, em que o interesse no tema estava mais relacionado à expansão dos serviços do *welfare state* e à afirmação de novos direitos de cunho coletivo e difuso, como os do consumidor, meio ambiente, étnico ou sexual.

Em termos de marcos institucionais para o estudo do sistema de Justiça, temos entre os anos de 1980 e 1990 seis pontos: a criação dos Juizados de Pequenas Causas, em 1984; a edição da Lei da Ação Civil Pública, em 1985; a Constituição Federal de 1988; o Código de Defesa do Consumidor, em 1990; e a criação dos Juizados Especiais Cíveis e Criminais, em 1995.

O grande marco é a Constituição de 1988, constitucionalizando uma vasta gama de direitos civis, políticos e sociais e ampliando o papel das instituições do sistema de Justiça na arena política e na implementação de políticas públicas.

Nos anos 1990 surge uma leva de estudos sobre o perfil dos operadores do direito, o conteúdo das decisões dos tribunais, o tipo de prestação jurisdicional.

Segundo Sadek (2002), desde então é possível classificar os estudos sobre o sistema de Justiça em duas grandes linhas: de um lado (1) estudos que focam o papel político das instituições da Justiça, e, de outro, (2) estudos que focam o aspecto de prestação do serviço.

Em termos empíricos, os estudos de maior destaque nesse período são os de Sadek e Arantes (1994), sobre a chamada crise do Judiciário, os de Sadek (1995a, 1995b), sobre o perfil da magistratura, de Luiz Werneck Vianna e colaboradores (1996, 1999), na mesma temática do perfil da magistratura e depois na ampliação da esfera de atuação do Poder Judiciário (tema da judicialização da política e das relações sociais), e de Eliane Junqueira (1996), sobre a crise do sistema de Justiça e o acesso a este.

Outros estudos destacados no levantamento de Sadek são os de Castro (1993), sobre as ações diretas de inconstitucionalidade dos partidos políticos; Vieira (1994), sobre a atuação política do STF via controle de constitucionalidade; D'Araujo (1996), focando o acesso à Justiça via Juizados Especiais; e Arantes (1997), sobre a evolução do papel político do Poder Judiciário.

Interpretações e estudos empíricos sobre a Justiça nas duas últimas décadas (1990-2010)

Com a finalidade de mapear os estudos empíricos sobre o sistema de Justiça realizados na área de ciências sociais, nossa estratégia (também empírica) utiliza como fonte de dados os anais dos congressos da Associação Nacional de Pós-Graduação em Ciências Sociais (Anpocs)[13] e a plataforma de periódicos nacionais do Scielo.[14]

Embora trabalhemos com fontes distintas, em cada uma delas procuramos manter uma mesma estrutura de análise, identificando oito aspectos centrais:
1) autores: quem são os pesquisadores desenvolvendo pesquisa empírica no direito focando o sistema de Justiça;

---

[13] Disponível em: <www.anpocs.org.br/portal/content/view/9/5/>.
[14] Disponível em: <http://search.scielo.org/>.

2) instituições: onde essas pesquisas estão sendo realizadas, que instituições têm aberto espaço para esse campo;

3) objeto de estudo: dentro do sistema de Justiça, o foco é em que ator ou instituição (Poder Judiciário de maneira geral, Justiças especializadas, Ministério Público, Defensoria etc.);

4) origem dos dados: os pesquisadores produzem dados (dados primários) ou trabalham sistematizando e analisando dados já existentes (dados secundários);

5) metodologia de pesquisa (quantitativa × qualitativa);

6) fonte de dados: material utilizado (BO, processos, discursos etc.);

7) técnica de coleta (estudo de caso, entrevista, análise documental, etnografia, observação participante);

8) temática: qual a problemática levantada pelo estudo (acesso à Justiça, desempenho do sistema etc.).

Ao trabalhar com os dados da Anpocs e do Scielo, adotamos em nosso levantamento a ressalva de não considerar estudos que tenham por tema central questões relacionadas à cidadania ou à justiça como valor, e não consideramos também estudos relativos à criminalidade e à violência que tratam apenas tangencialmente do sistema de Justiça. Nosso objetivo não é realizar um levantamento exaustivo, mas, sim, cobrir os principais canais de divulgação e publicação de estudos empíricos. Sabemos que a partir desse recorte alguns trabalhos relevantes podem ter sido excluídos. Mas isso não retira de nossa análise a qualidade de identificar tendências.

Anpocs

A coleta de dados dos trabalhos da Anpocs teve como referência os anais do 22º ao 34º Encontro Anual, cobrindo 13 encontros no período que vai de 1998 a 2010.

A primeira etapa da pesquisa consistiu em levantar todos os artigos que contivessem no título pelo menos um dos 11 termos-chave de busca:

1) Justiça;
2) Tribunal;
3) Judiciário;
4) Judicial;
5) Juiz/Juízes;
6) Judicialização;
7) Direito;
8) STF;
9) Ministério Público;
10) Defensoria;
11) STJ.

Desta busca inicial resultou um total de 240 trabalhos. Levantamos, então, o resumo de todos esses trabalhos e aplicamos um segundo filtro de seleção, descartando os que tivessem como tema central cidadania como valor, justiça como valor, criminalidade e violência. Feito esse filtro, ficamos com um total de 118 trabalhos no período.

Para esses 118 trabalhos levantamos informações sobre ano de apresentação, autoria e respectiva filiação institucional, objeto a que se refere a pesquisa e se o trabalho tem base empírica ou não. Desses 118, não conseguimos localizar o texto integral de seis artigos, e 63% (74) tinham base empírica.

Quadro 1 | Classificação da abordagem: empírica × não empírica (Anpocs)

Artigo	Total	% sobre total
Empírico	74	63%
Não empírico	38	32%
Paper não localizado	6	5%

A segunda etapa na pesquisa consistiu em levantar no texto integral dos 74 *papers*[15] identificados como empíricos: (1) o objeto, (2) a origem dos dados, (3) a metodologia, (4) a fonte dos dados, (5) a técnica de coleta e (6) a temática.

---

[15] Os *papers* estão listados no anexo 1.

O gráfico 1 ilustra a distribuição dos trabalhos por ano, e vemos que a partir de 2006 houve um incremento nessa produção. E o quadro 2 elenca os grupos de trabalho em que os artigos foram apresentados.

Gráfico 1 | Número de artigos por encontro (Anpocs). Base: 74 artigos

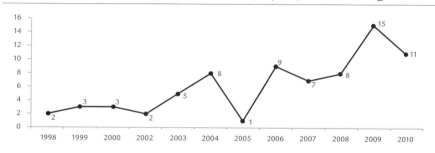

Quadro 2 | Grupos de Trabalho (Anpocs)[16]

Nome GT	% de artigos
Judiciário, ativismo e política	11%
Crime, violência e punição	9%
Sociologia e direito: explorando as interseções	9%
Conflitualidade social, acesso à Justiça e reformas do Poder Judiciário	8%
Conflitualidade social, acesso à Justiça e segurança pública	8%
Conflitualidade social, administração da Justiça e segurança pública	5%
Violência, Justiça e direitos	5%
Profissões, Estado e mercado: identidades, saberes e fronteiras profissionais	4%
Controles democráticos e cidadania	3%
Controles democráticos e instituições políticas	3%
Poder político e controles democráticos	3%
Violência, sociedade e cultura	3%
Direitos humanos, políticas e diversidade cultural	3%
Política dos direitos humanos	3%
Parentalidades, amor e conjugalidades no Brasil contemporâneo	3%
Política e economia	3%

▼

---

[16] Respeitamos a nomenclatura adotada anualmente pelos grupos de trabalho (GT). Assim, note-se que alguns grupos permanecem de uma edição para outra, mas com pequenas alterações em sua designação.

Nome GT	% de artigos
Biografia e memória social	1%
Conflitualidade social, acesso à Justiça e reformas nas coercitivas do sistema de segurança pública	1%
Qualidade da democracia	1%
Controvérsias conceituais da democracia contemporânea: teoria e empiria	1%
Educação e sociedade	1%
Elites e instituições políticas	1%
Grupos profissionais, inclusão e cidadania	1%
Instituições políticas	1%
Políticas públicas: métodos e análises	1%
Relações raciais e ações afirmativas	1%
Relações raciais e etnicidade	1%
Sociologia e antropologia da moral	1%
Teoria política: república, Constituição e Justiça	1%
Total (N)	74

Antes de entrarmos no conteúdo destes trabalhos, é importante observamos informações sobre quem são os autores.

Dos 74 trabalhos, 38% (ou 28 trabalhos) foram publicados em coautoria. Abaixo, no quadro 3, elencamos os 86 autores, em ordem alfabética.

Quadro 3 | Autores (Anpocs)

1	Aline Sueli de Salles Santos	14	Breno Silva
2	Alvaro Costa	15	Camila Arruda Vidal Bastos
3	Amanda Figueiredo	16	Celly Cook Inatomi
4	Ana Carolina da Matta Chasin	17	Chiara Michelle Ramos Moura da Silva
5	Ana Cristina de Mello Pimentel Lourenço	18	Cleber Ori Cuti Martins
6	Ana Lúcia Pastore Schritzmeyer	19	Cristiana Losekann
7	André Luiz Faisting	20	Cristina Carvalho Pacheco
8	André Marenco	21	Daniella Georges Coulouris
9	Andrei Koerner	22	Dayane Aparecida Versiani
10	Andréia dos Santos	23	Débora Ribeiro
11	Angela Araujo da Silveira Espindola	24	Eduardo Batitucci
12	Artur Stamford da Silva	25	Eduardo Martins de Lima
13	Betânia Peixoto Totino	26	Elias Medeiros Vieira

27	Ernani Rodrigues de Carvalho Neto	57	Marcia Baratto
28	Fabiana Luci de Oliveira	58	Marcus Vinícius Cruz
29	Fabiano Engelmann	59	Maria da Glória Bonelli
30	Fábio José Kerche Nunes	60	Maria Tereza Sadek
31	Fabiola Fanti	61	Mariana Carneiro Leão Figueiroa
32	Felipe Dutra Asensi	62	Mariana Guedes Duarte da Fonseca
33	Gilson Antunes	63	Mario Luis Grangeia
34	Guita Grin Debert	64	Nara Pavão
35	Herbert Martins	65	Patrice Schuch
36	Igor Suzano Machado	66	Patricia Rosalba Salvador Moura Costa
37	Ivan da Costa Alemão Ferreira	67	Paulo César de Campos Morais
38	Jacqueline Sinhoretto	68	Paulo Dornelles Picon
39	Jânia Maria Lopes Saldanha	69	Paulo Eduardo Alves da Silva
40	Joana Domingues Vargas	70	Rafael Cortez
41	João Biehl	71	Rayane Maria de Lima Andrade
42	João Gustavo Vieira Velloso	72	Rennê Martins
43	Jorge Carvalho do Nascimento	73	Rita de Cássia Cronemberger Sobral
44	José Alfredo Baracho Júnior	74	Rochele Fellini Fachinetto
45	José Luis Bolzan de Morais	75	Rodrigo Ghiringhelli de Azevedo
46	José Luiz de Oliveira Soares	76	Rodrigo Stumpf González
47	José Luiz Ratton	77	Rogério Bastos Arantes
48	Klarissa Almeida Silva	78	Rogério Ferreira da Silva
49	Lígia Barros de Freitas	79	Rosa Maria Rodrigues de Oliveira
50	Luciana Gross Siqueira Cunha	80	Rosângela Cavalcante
51	Luciano da Ros	81	Roseni Pinheiro
52	Ludmila Mendonça Lopes Ribeiro	82	Santiago Falluh Varella
53	Luiz Fábio Silva Paiva	83	Thais Lemos Duarte
54	Luiz Werneck Vianna	84	Vanessa Oliveira
55	Magda Chamon	85	Vitor Emanuel Marchetti Ferraz Jr.
56	Marcella Beraldo de Oliveira	86	Wânia Pasinato Izumino

Coletamos, para esses autores, via currículo Lattes (CNPq), sua titulação máxima concluída:[17] 62% deles possuem doutorado, 31%, mestrado e 7%, apenas graduação.

---

[17] As informações foram coletadas no mês de junho de 2011.

Quanto à área de titulação máxima, ciência política e sociologia são as dominantes, com 24% e 23% dos autores, respectivamente. Na sequência, ciências sociais, com 21%. O direito só aparece em quarto lugar, com 12% dos autores. Se considerarmos o curso de pós-graduação em sociologia e direito, temos 14% dos autores.

Gráfico 2 | Área de titulação máxima dos autores (Anpocs). Base: 86 autores

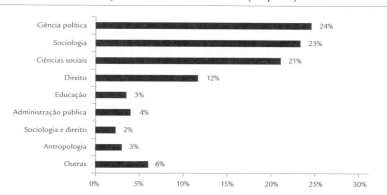

Observamos também a instituição de origem destes autores e vimos que o local com maior expressividade é a Universidade de São Paulo (USP, com 21%), seguida da Universidade Federal do Rio Grande do Sul (UFRGS, com 14%) e pela Universidade Federal de Minas Gerais (UFMG, 10%).

Gráfico 3 | Instituição de titulação máxima dos autores (Anpocs). Base: 86 autores

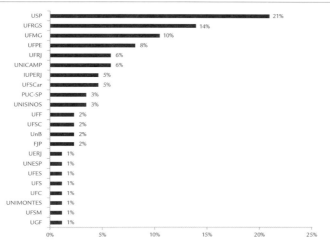

Além da instituição de origem, coletamos a instituição de vinculação, ou seja, onde estes pesquisadores trabalham atualmente, e temos a UFRGS, Universidade Federal de Pernambuco (UFPE), Universidade de Campinas (Unicamp), USP e Universidade de São Carlos (UFSCar) como as mais recorrentes.

Gráfico 4 | Instituição de vinculação dos autores (Anpocs). Base: 86 autores

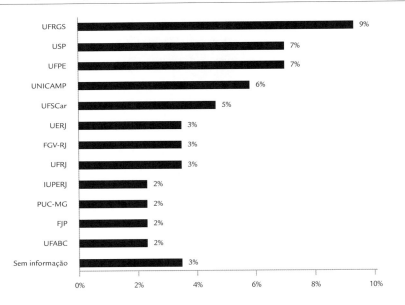

Deixamos fora do gráfico 4 as instituições com apenas um caso, sendo elas: UFMG; Pontifícia Universidade Católica de São Paulo (PUC-SP); Universidade Nove de Julho (Uninove); Universidade Federal Fluminense (UFF); PUC-RS; UnB; Universidade Federal de Juiz de Fora (UFJF); Universidade Federal do Espírito Santo (Ufes); FGV-SP; Universidade Federal de Sergipe (UFS); Fundação Mineira de Educação e Cultura (Fumec); Universidade Federal da Paraíba (UFPB); Universidade Federal do Piauí (UFPI); Universidade Estadual de Montes Claros (Unimontes); Universidade Federal da Grande Dourados (UFGD); Universidade Federal do Tocantins (UFT); Universidade do Vale do Rio dos Sinos (Unisinos); Universidade Federal de Santa Maria (UFSM); Universidade Federal do Recôncavo da Bahia (UFRB); Universidade Federal do Amazonas

(Ufam); Faculdade da Serra Gaúcha (FSG); Faculdade de Direito de Ipatinga (Fadipa/Fupac); Escola Superior de Administração, Marketing e Comunicação de Campinas (Esamc/SP); Universidade Federal do Pará (UFPA); Faculdade de Olinda (Focca); Ministério Público Federal (MPF); Fundação Casa de Rui Barbosa (FCRB); Gabinete de Assessoria Jurídica às Organizações Populares (Gajop); University of Ottawa; University of Illinois at Chicago; Universidade Estadual de Minas Gerais (UEMG); Governo do Estado de Pernambuco; Fundação de Arte de Ouro Preto (Faop); Instituto Federal do Sergipe (IFS); Universidade Tiradentes (Unit); Fundação Universidade Federal de Rondônia (Unir) e Conselho Nacional de Justiça (CNJ).

Com relação ao conteúdo dos trabalhos, em primeiro lugar, é importante olhar para o objeto, que trabalhamos a partir da seguinte classificação:

1) Sistema de Justiça (quando trabalha com mais de uma instituição ou ator da Justiça, por exemplo, Judiciário e Ministério Público; Ministério Público e Defensoria etc.);
2) Poder Judiciário (quando trata da Justiça Comum ou de mais de uma instância do Judiciário);
3) Justiça Criminal;
4) Juizados Especiais;
5) Justiça do Trabalho;
6) Advocacia (OAB, advogados);
7) Ministério Público;
8) STF;
9) Meios alternativos de resolução de conflitos;
10) Justiça Militar;
11) Justiça Eleitoral (TSE);
12) Defensoria Pública.

A Justiça Criminal é o objeto que mais se destaca nos estudos empíricos apresentados na Anpocs, com o Poder Judiciário e os Juizados Especiais aparecendo na sequência. Defensoria Pública e Justiça Militar não tiveram nenhuma ocorrência no período considerado.

Gráfico 5 | Classificação do objeto (Anpocs). Base: 74 artigos

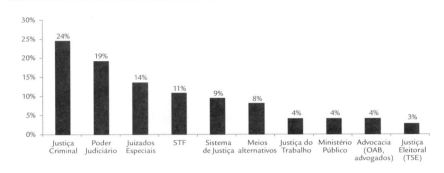

Com relação à temática dos trabalhos, temos a judicialização da política e das relações sociais, juntamente com o fluxo e o funcionamento do sistema de Justiça, como os temas predominantes, cobrindo, cada um, 23% dos trabalhos.

Gráfico 6 | Temática abordada no trabalho (Anpocs). Base: 74 artigos

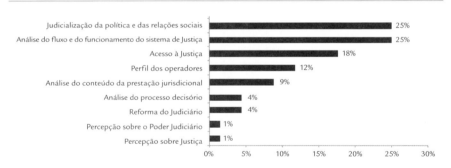

A análise do fluxo e do funcionamento do sistema de Justiça refere-se aos trabalhos que têm como foco o processo que um caso percorre nas diversas instituições da Justiça.

Na categoria judicialização da política e das relações sociais, classificamos os trabalhos que tratam do tema da expansão de poder dos tribunais e de seu protagonismo em julgar e decidir sobre questões proeminentes na agenda nacional de políticas públicas.

Em terceiro lugar, com 16% do total, aparece a temática do acesso à Justiça, que inclui trabalhos que tratam do acesso da população aos meios institucionais de resolução de conflito.

Em quarto lugar está o tema do perfil dos operadores do direito, abarcando trabalhos na área da sociologia das profissões que tratam da construção da identidade e da atuação desses profissionais (o tema engloba 11% dos trabalhos).

Em quinto, correspondendo a 8% dos trabalhos, aparece a análise do conteúdo da prestação jurisdicional, que identifica os trabalhos que tratam do resultado final das decisões e ações dos operadores e/ou instituições da Justiça.

A reforma do Judiciário aparece pouco, correspondendo a apenas 4% dos trabalhos, o que reforça mesmo a ideia de que o tema é discutido e trabalhado no país como política pública, sem respaldo ou embasamento em dados.

A análise do processo decisório é igualmente pouco tratada no período abordado a partir da metodologia empírica, ou seja, o estudo de como as instituições da Justiça e seus membros chegam às decisões, quais os fatores que impactam nesse processo, é pouco privilegiado.

Por fim, em apenas 2% dos trabalhos o tema da percepção da Justiça e do Judiciário aparecem.

Observamos, ainda, se a abordagem metodológica dos trabalhos foi quantitativa ou qualitativa, e mais da metade dos trabalhos optou por uma abordagem mista, combinando quali e quanti (53%). Depois, temos 32% dos estudos trabalhando com dados quantitativos e 15% com métodos qualitativos.

Gráfico 7 | Abordagem metodológica (Anpocs). Base: 74 artigos

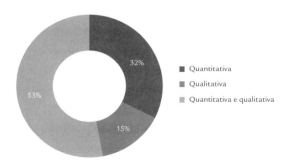

Com relação ao tipo de dados com que os autores trabalharam nesses artigos, temos que a grande maioria, 86%, se valeu de dados primários, com apenas 13% utilizando exclusivamente dados secundários — o que pode ser um indício de a cultura de compartilhamento de dados ser pouco consolidada no país, no que se refere ao estudo da Justiça.

A maioria das bases de dados é particular, ou seja, construída pelos próprios pesquisadores e utilizada apenas por eles em suas pesquisas, sem o compartilhamento dessas bases ou sua disponibilização — é muito recente o movimento de disponibilização de bases de dados de pesquisas como um produto acadêmico em si.

Gráfico 8 | Origem dos dados (Anpocs). Base: 74 artigos

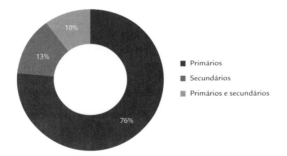

A fonte de dados (forma de coleta) mais recorrente nestes trabalhos são os processos judiciais, utilizados em 45% deles, e também as entrevistas qualitativas, utilizadas em 30% dos artigos. Observação e etnografia aparecem em terceiro lugar, sendo utilizadas em 26% dos trabalhos. Em quarto lugar estão documentos oficiais, com 19% dos trabalhos utilizando-os, e, logo na sequência, base de dados estatísticos, com 18%. Artigos de jornais ou revistas aparecem como fonte de dados em 12% dos trabalhos. Depois, de forma menos expressiva, aparecem inquérito, entrevista quantitativa (*survey*), boletim de ocorrência, currículos e termo circunstanciado.

Gráfico 9 | Forma de coleta de dados (Anpocs). Base: 74 artigos

Scielo

A pesquisa no Scielo iniciou com a coleta dos artigos publicados no portal, considerando a base de dados de periódicos nacionais. Nessa base buscamos os artigos a partir de nove termos de busca:

1) Justiça;

2) Judicialização;

3) Judiciário;

4) Acesso à Justiça;

5) Ministério Público;

6) Defensoria;

7) STF;

8) Mediação de conflitos;

9) Juizados Especiais.

Há algumas diferenças com relação aos termos de busca adotados na Anpocs. Isso porque, no Scielo, o mecanismo é automático e se baseia no conteúdo e nas palavras-chave informadas, enquanto na Anpocs a seleção foi manual. Ao utilizarmos os termos soltos "Tribunal", "Judicial", "Juiz" e "Direito", o resultado era um emaranhado de textos das mais diversas áreas. Por isso, os termos foram modificados, para otimizar a coleta e ganhar maior precisão.

Considerando os nove termos de busca, o resultado foi um total de 589 artigos, em que 55 se repetiram, aparecendo em mais de um termo de busca.

Quadro 4 | Resultado dos termos de busca (Scielo)

Termo de busca	Quantidade de artigos localizados
Justiça	386
Judicialização	27
Judiciário	75
"Acesso à Justiça"	31
"Ministério Público"	20
Defensoria	4
STF	24
Mediação de conflitos	14
Juizados	8
Total	589

Coletamos todos os 534 artigos (excluindo os 55 repetidos) e aplicamos então um segundo filtro referente às publicações, excluindo os artigos publicados em revistas oriundas da esfera da saúde, educação e psicologia. Aplicamos, então, um terceiro filtro, descartando os artigos que tivessem como tema central cidadania como valor, justiça como valor, criminalidade e violência. E um quarto filtro, referente a trabalhos empíricos.

Assim, dos 534 artigos originalmente identificados, ficamos com um total de 62 artigos, selecionados com base nos critérios adotados no estudo.[18]

Gráfico 10 | Número de artigos por ano (Scielo). Base: 62 artigos

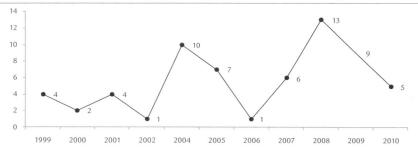

---
[18] Os artigos estão listados no anexo 2.

Gráfico 11 | Publicação (Scielo). Base: 62 artigos

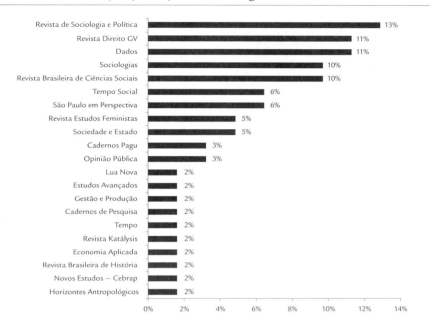

As revistas que mais têm dado espaço para estudos empíricos sobre sistema de Justiça são: *Revista de Sociologia e Política, Revista Direito GV, Dados, Sociologias, Revista Brasileira de Ciências Sociais*. Essas cinco revistas foram responsáveis pela publicação de 55% dos artigos identificados.

Dos 62 artigos, temos que 34% (ou 21 artigos) foram escritos em coautoria. No quadro 5 identificamos os autores. Levantamos, a partir do currículo Lattes[19] (CNPq) desses autores, seu nível máximo de titulação, e encontramos 76% deles com doutorado, 15% com mestrado e 9% com graduação (ou especialização *lato sensu*).

---

[19] As informações foram coletadas no mês de junho de 2011.

Quadro 5 | Autores (Scielo)

1	Ademir Antonio Pereira Júnior	37	Ludmila Mendonça Lopes Ribeiro
2	Adriana de Moraes Vojvodic	38	Luiz Werneck Vianna
3	Alexandre Zarias	39	Marcella Beraldo de Oliveira
4	Ana Cristina do Canto Lopes Bastos	40	Marcelo Baumann Burgos
5	Ana Cristina Gonzalez Vélez	41	Marcelo Justus dos Santos
6	Ana Lúcia Kassouf	42	Marcelo Medeiros
7	Ana Mara França Machado	43	Márcia Terra da Silva
8	Anderson Orestes Cavalcante Lobato	44	Marcos Paulo Verissimo
9	André Marenco	45	Maria Cristina G. Giacomazzi
10	Camila Duran-Ferreira	46	Maria da Glória Bonelli
11	Carlos Henrique Horn	47	Maria Teresa Nobre
12	Cátia Aida Pereira da Silva	48	Maria Tereza Sadek
13	César Barreira	49	Marina Pereira Pires de Oliveira
14	Claudia Fonseca	50	Marlene de Fáveri
15	Cláudio Vilela Rodrigues	51	Matthew M. Taylor
16	Daniel Wei Liang Wang	52	Moysés Kuhlmann Jr.
17	Debora Diniz	53	Oswaldo Mário Serra Truzzi
18	Elina Gonçalves da Fonte Pessanha	54	Paula Martins Salles
19	Eneida Gonçalves de Macedo Haddad	55	Paula Miraglia
20	Ernani Rodrigues de Carvalho Neto	56	Pedro Leonardo Medeiros
21	Evorah Lusci Costa Cardoso	57	Rafael Cortez
22	Fabiana Luci de Oliveira	58	Rafael T. Wowk
23	Fabiano Engelmann	59	Regina Lúcia de Moraes Morel
24	Gessé Marques Jr.	60	Renato M. Perissinotto
25	Gladys Sabina Ribeiro	61	Renato Sérgio de Lima
26	Guita Grin Debert	62	Roberto Kant de Lima
27	Humberto Dantas	63	Rodrigo Ghiringhelli de Azevedo
28	Ivan de Andrade Vellasco	64	Rogério Bastos Arantes
29	Jacqueline Sinhoretto	65	Sérgio Adorno
30	Janaína Penalva	66	Teresa Adami Tanaka
31	Joana Domingues Vargas	67	Theophilos Rifiotis
32	Joanna Maria de Araújo Sampaio	68	Vanessa Oliveira
33	Júlia Caiuby de Azevedo Antunes	69	Vera Karam de Chueiri
34	Juliano Vieira Alves	70	Virgínia Ferreira Silva
35	Luciano da Ros	71	Vitor Emanuel Marchetti Ferraz Jr.
36	Luciano Oliveira	72	Wânia Pasinato Izumino

Em termos de área de formação, temos sociologia (26%), ciência política (18%) e direito (17%) como principais áreas.

Gráfico 12 | Área de titulação máxima dos autores (Scielo). Base: 72 autores

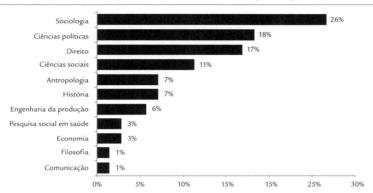

A USP é a instituição de formação de maior expressividade, com 46% dos autores; em segundo lugar, aparecem Unicamp e UFRGS com 7% cada. Em terceiro lugar estão os formados fora do país, tanto em universidades de Paris (École des Hautes Études en Sciences Sociales, Université de Sciences Sociales de Toulouse, Université de Nanterre e Université Paris 1), quanto dos Estados Unidos (Georgetown University, Harvard University, New School for Social Research, University of Minnesota).

Gráfico 13 | Instituição de titulação máxima dos autores (Scielo)
Base: 72 autores

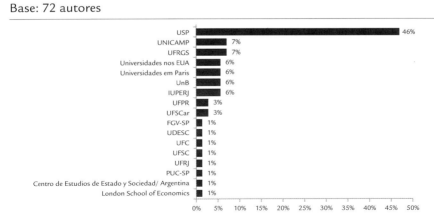

Quanto à instituição de vinculação, consideramos fonte a base Lattes e, quando não encontrada, utilizamos a referência dada pelo autor no artigo. Temos como as instituições mais frequentes a USP, seguida da UFRGS e da UFSCar.

Gráfico 14 | Instituição de vinculação dos autores (Scielo). Base: 72 autores

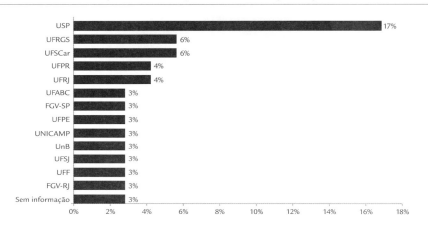

No gráfico 14 ilustramos apenas as instituições com maior ocorrência. Temos com 1% dos casos cada uma das seguintes instituições de vinculação dos autores: Instituto Universitário de Pesquisas do Rio de Janeiro (Iuperj); PUC-SP; Uninove; Universidade Federal de Santa Catarina (UFSC); PUC-RS; Universidade Federal de Goiás (UFG); PUC-Rio; UFS; Universidade Federal do Ceará (UFC); Universidade São Francisco (USF); Universidade Federal de Pelotas (Ufpel); Universidade Estadual de Ponta Grossa (UEPG); Faculdade Presbiteriana Gammon (Fagammon); UFPA; Universidade do Estado de Santa Catarina (Udesc); Anhanguera; Université Paris 1; Grupo Hospitalar Conceição; International Centre for the Prevention of Crime; Fórum Brasileiro de Segurança Pública; Faculdade Internacional de Curitiba (Facinter); Universidade Técnica de Lisboa (UTL); Agência Brasileira de Desenvolvimento Industrial (ABDI); University of Illinois; Faculdade Projeção; Instituto de Bioética, Direitos Humanos e Gênero (Anis); Instituto Nacional de Propriedade Industrial (Inpi) e Organização Mundial de Saúde (OMS).

Comparando os autores registrados no Scielo com os que apresentaram trabalhos na Anpocs, temos 11% de correspondência, com 17, dos 158 autores identificados, aparecendo em ambas as listas.

Quadro 6 | Autores Scielo e Anpocs

1	André Marenco
2	Ernani Rodrigues de Carvalho Neto
3	Fabiana Luci de Oliveira
4	Guita Grin Debert
5	Jacqueline Sinhoretto
6	Joana Domingues Vargas
7	Luciano da Ros
8	Ludmila Mendonça Lopes Ribeiro
9	Luiz Werneck Vianna
10	Maria da Glória Bonelli
11	Maria Tereza Sadek
12	Rafael Cortez
13	Rodrigo Ghiringhelli de Azevedo
14	Rogério Bastos Arantes
15	Vanessa Oliveira
16	Vitor Emanuel Marchetti Ferraz Jr.
17	Wânia Pasinato Izumino

Observando o conteúdo dos trabalhos publicados no Scielo, temos como objeto de estudo predominante nestas publicações, quando se trata do recorte que propusemos, o Poder Judiciário, com 26% dos trabalhos. Na sequência, o STF, com 23%, e a Justiça Criminal — dominante entre os trabalhos da Anpocs — aparece aqui em terceiro lugar com 19% dos trabalhos.

Gráfico 15 | Classificação do objeto (Scielo). Base: 62 artigos

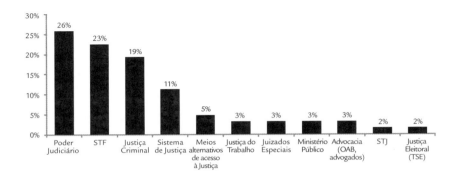

O sistema de Justiça é objeto de 11% dos artigos e os meios alternativos, de 5%. Justiça do Trabalho, Juizados Especiais, Ministério Público e advocacia são objeto de 3% dos artigos cada. STJ e Justiça Eleitoral aparecem como objeto central de 2% dos artigos cada.

Quanto à temática, a que mais aparece nos artigos é a judicialização da política e das relações sociais, com 31% dos artigos. Em seguida, o fluxo do funcionamento do sistema de Justiça, com 23%. O perfil dos operadores vem em terceiro, com 13%; acesso à Justiça e análise do conteúdo da prestação jurisdicional, com 10% cada.

Gráfico 16 | Temática abordada no trabalho (Scielo). Base: 62 artigos

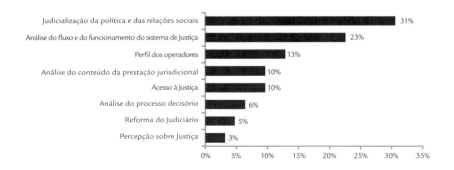

Assim como nos trabalhos da Anpocs, também nos artigos do Scielo a abordagem combinada de métodos qualitativos e quantitativos predomina, com 58% dos artigos empregando-a. Na sequência, 31% dos artigos empregam apenas a metodologia quantitativa e 11%, a qualitativa.

Gráfico 17 | Abordagem metodológica (Scielo). Base: 62 artigos

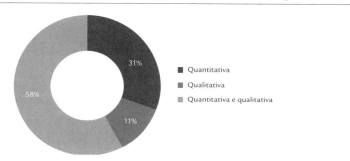

A grande maioria dos artigos trabalha com dados primários, 90%. Apenas 10% trabalham somente com dados secundários.

Gráfico 18 | Origem dos dados (Scielo). Base: 62 artigos

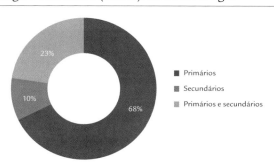

Quase metade dos artigos (44%) utiliza processos judiciais como fontes de dados; depois há a utilização de base de dados estatísticos (24%), de entrevistas qualitativas (23%) e de observação (22%).

Gráfico 19 | Forma de coleta de dados (Scielo). Base: 62 artigos

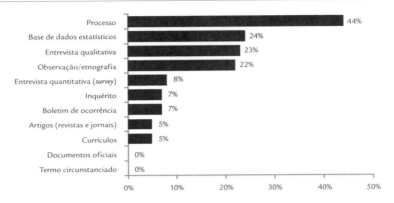

Notas finais

Defender a necessidade de produção de dados para conhecer as instituições da Justiça e fundamentar a produção de políticas públicas de aperfeiçoamento dessas instituições é hoje posicionamento consensual.

O levantamento que realizamos aqui permite afirmar que nos últimos anos houve considerável avanço nessa área. No entanto, há ainda grandes lacunas tanto na produção quanto na análise, divulgação e compartilhamento desses dados.

No que se refere à produção, é preciso avançar na forma de coleta, no grau de especificidade e detalhamento das informações e, mais ainda, na compatibilidade das bases de dados das diferentes instituições e órgãos do sistema de Justiça.

Quanto à análise, tem predominado a utilização de metodologias descritivas, resumindo os dados (frequências simples, muitas vezes), com pouca exploração de metodologias mais sofisticadas, tanto qualitativas, quanto quantitativas, baseadas em inferências. Já os canais acadêmicos de publicação são escassos e em geral muito morosos.

Por fim, não há ainda consolidada no Brasil uma cultura de compartilhamento de banco de dados. Existem algumas iniciativas isoladas que procuram estimular essa prática, sendo as principais o Centro de Estudos de Opinião Pública (Cesop), da Unicamp,[20] e o Consórcio de Informações Sociais (CIS), da USP em parceria com a Anpocs.[21]

O significado que as instituições do sistema de Justiça têm para o fortalecimento da democracia no país é mais do que suficiente para justificar um maior empenho, tanto por parte da academia quanto das próprias instituições e do poder público, na efetivação de estudos, pesquisas e na produção de dados em Justiça.

Referências

ARANTES, Rogério Bastos. *Judiciário e política no Brasil*. São Paulo: Idesp; Sumaré, 1997.
CAPPELLETTI, Mauro; GARTH, Bryant. *Acesso à Justiça*. Porto Alegre: Fabris, 1988.
CASTRO, Marcos Faro. Política e economia no Judiciário: as ações diretas de inconstitucionalidade dos partidos políticos. *Cadernos de Ciência Política*, Brasília, n. 7, 1993.
D'ARAUJO, Maria Celina. Juizados especiais de pequenas causas: notas sobre a experiência do Rio de Janeiro. *Estudos Históricos*, Rio de Janeiro, v. 9, n. 18, p. 301-322, 1996.
JUNQUEIRA, Eliane Botelho. Acesso à Justiça: um olhar retrospectivo. *Estudos Históricos*, Rio de Janeiro, v. 9, n. 18, 1996.
SADEK, Maria Tereza. Estudos sobre o sistema de Justiça. In: MICELI, Sérgio. *O que ler na ciência social brasileira*. São Paulo: Sumaré, 2002. v. IV, p. 233-265.
_____ (Org.). *O Judiciário em debate*. São Paulo: Idesp; Sumaré, 1995a.
_____ (Org.). *Uma introdução ao estudo da Justiça*. São Paulo: Idesp; Sumaré, 1995b.
SADEK, Maria Tereza; ARANTES, Rogério. A crise do Judiciário e a visão dos juízes. *Revista USP*, Dossiê Judiciário, n. 21, 1994.
VIEIRA, Oscar Vilhena. *O Supremo Tribunal Federal*: jurisprudência política. São Paulo: Malheiros, 1994.
WERNECK VIANNA, Luiz et al. *A judicialização da política e das relações sociais no Brasil*. Rio de Janeiro: Iuperj; Revan, 1999.
_____. *O perfil do magistrado brasileiro*. Rio de Janeiro: AMB; Iuperj, 1996.

---

[20] Disponível em: <www.cesop.unicamp.br/site/htm/busca.php>.
[21] Disponível em: <www.nadd.prp.usp.br/cis/index.aspx>.

Anexo 1

Papers Anpocs

ID	Título	Autores	Ano
1	Cursos de direito ou de advocacia? Os conflitos em torno do Exame da Ordem dos Advogados do Brasil (OAB)	Aline Sueli de Salles Santos	2010
2	O Judiciário e as agências reguladoras: a judicialização da política regulatória no Brasil sob a perspectiva do neoinstitucionalismo	Alvaro Costa	2006
3	O Juizado e seu avesso: a experiência do Juizado Especial Cível em São Paulo	Ana Carolina da Matta Chasin	2008
4	Direito e Ação Coletiva: o caso da tentativa de remoção de moradias no Canal do Anil	Ana Cristina de Mello Pimentel Lourenço	2010
5	Juízes, promotores e advogados do júri: mestres e aprendizes da arte de dramatizar a vida	Ana Lúcia Pastore Schritzmeyer	2003
6	Capilares do Judiciário: etnografia de alguns cartórios judiciais do estado de São Paulo	Ana Lúcia Pastore Schritzmeyer; Paulo Eduardo Alves da Silva	2006
7	A dupla institucionalização do Judiciário: o caso do Juizado Especial de Pequenas Causas em São Carlos	André Luiz Faisting	2000
8	Operadores do direito e representações sobre violência e punição na Justiça informal criminal brasileira	André Luiz Faisting	2003
9	Representações dos direitos humanos entre os operadores do direito: um estudo de caso	André Luiz Faisting	2009
10	Caminhos que levam à corte: carreiras e padrões de recrutamento dos ministros dos órgãos de cúpula do Judiciário	André Marenco; Luciano da Ros	2007
11	Pensamento jurídico e decisão judicial: uma metodologia para a análise das decisões do Supremo Tribunal Federal pós-1988	Andrei Koerner; Marcia Baratto; Celly Cook Inatomi	2007
12	Sociologia da decisão jurídica: a semântica sociojurídica do direito	Artur Stamford da Silva	2008

▼

ID	Título	Autores	Ano
13	O fluxo de tempo na Justiça Criminal: morosidade, razoável duração do processo e impunidade	Camila Arruda Vidal Bastos; Rayane Maria de Lima Andrade; Mariana Guedes Duarte da Fonseca; Gilson Antunes	2010
14	Poder Judiciário e agências administrativas estatais: relações de conflito e de cooperação entre os Juizados Especiais Federais e o Instituto Nacional do Seguro Social	Celly Cook Inatomi	2010
15	Conciliação judicial e a função social das profissões jurídicas: uma análise etnometodológica do direito	Chiara Michelle Ramos Moura da Silva; Artur Stamford da Silva	2009
16	Ação judicial como ação política no campo ambiental: o caso dos transgênicos no Brasil	Cristiana Losekann	2009
17	O Supremo Tribunal Federal e a reforma do Estado do governo Fernando Henrique Cardoso (1995-1998)	Cristina Carvalho Pacheco	2005
18	Novas demandas, antigos critérios: a lógica da Justiça Criminal nos casos de estupro	Daniella Georges Coulouris	2009
19	Fluxo dos processos do Juizado Especial Criminal de Belo Horizonte	Eduardo Batitucci; Andréia dos Santos; Marcus Vinícius Cruz	2008
20	Fluxo do crime de homicídio no sistema de Justiça Criminal em Minas Gerais	Eduardo Batitucci; Marcus Vinícius Cruz; Breno Silva	2006
21	O papel da Comissão Parlamentar de Inquérito do Poder Judiciário na reformulação do exercício da jurisdição	Eduardo Martins de Lima	2008
22	A jurisdição constitucional e as medidas provisórias	Eduardo Martins de Lima; José Alfredo Baracho Júnior; Magda Chamon	2004
23	Desenho institucional e processos de *accountability*: uma análise das ouvidorias da Justiça do Trabalho	Elias Medeiros Vieira; Cleber Ori Cuti Martins	2009
24	A identidade profissional dos ministros do STF no processo de transição democrática no Brasil (1979-1999)	Fabiana Luci de Oliveira	2002
25	O ensino de pós-graduação em direito e o campo jurídico no Brasil	Fabiano Engelmann	2006
26	Justiça comum e políticas sociais: o caso da saúde na cidade de São Paulo	Fabiola Fanti	2010

ID	Título	Autores	Ano
27	A continuidade de políticas públicas e o Ministério Público na efetivação do direito à saúde	Felipe Dutra Asensi; Roseni Pinheiro	2007
28	Judicialização ou juridicização? Ministério Público e novas estratégias de efetivação de direitos	Felipe Dutra Asensi; Roseni Pinheiro	2009
29	Dimensões manifestas e latentes de conflitos organizacionais (ou porque o Ministério Público arquiva ou devolve inquéritos policiais)	Gilson Antunes; José Luiz Ratton; Nara Pavão	2009
30	Os modelos conciliatórios de solução de conflitos e a violência doméstica	Guita Grin Debert; Marcella Beraldo de Oliveira	2004
31	A polícia prende, mas a Justiça solta	Herbert Martins; Eduardo Batitucci; Dayane Aparecida Versiani	2009
32	Democratizar a Justiça e prevenir a violência: limites e possibilidades da mediação de conflitos no CIC de São Paulo	Jacqueline Sinhoretto	2003
33	Familiares ou desconhecidos? A relação entre os protagonistas do estupro no fluxo do sistema de Justiça Criminal	Joana Domingues Vargas	1998
34	Metodologia de tratamento do tempo da Justiça Criminal	Joana Domingues Vargas	2006
35	Sobre o tratamento jurídico dado ao trabalho escravo: o movimento de descriminalização	João Gustavo Vieira Velloso	2004
36	O Poder Judiciário na encruzilhada entre direito e política: novas práticas judiciárias e a necessidade de democratização da atuação jurisdicional	José Luis Bolzan de Morais; Jânia Maria Lopes Saldanha; Angela Araujo da Silveira Espindola	2010
37	Conciliar é "legal"?: uma análise crítica da aplicação da conciliação na Justiça do Trabalho	José Luiz de Oliveira Soares; Ivan da Costa Alemão Ferreira	2009
38	O sistema de Justiça Criminal brasileiro: discutindo fluxo, morosidade e impunidade com o Ministério Público de MG	Klarissa Almeida Silva	2007
39	Novas leis, nova Justiça? Atuação dos operadores do direito e construção das "verdades judiciárias" após as leis 11.689/2008 e 11.719/2008	Klarissa Almeida Silva; Ludmila Mendonça Lopes Ribeiro; Igor Suzano Machado	2010

ID	Título	Autores	Ano
40	A atuação do Tribunal Superior do Trabalho (TST) na alteração do direito constitucional do trabalho	Lígia Barros de Freitas	2010
41	Juizado Especial Cível e a democratização do acesso à Justiça	Luciana Gross Siqueira Cunha	2004
42	A eficiência da Justiça Criminal paulistana: uma análise do tempo dos processos de homicídios na década de 1990	Ludmila Mendonça Lopes Ribeiro	2006
43	Violência contra mulher: o tempo da Justiça para os crimes contra as mulheres submetidos a apreciação do Jecrim de Belo Horizonte no ano de 2006	Ludmila Mendonça Lopes Ribeiro; Andréia dos Santos; Betânia Peixoto Totino	2009
44	Liberdade tutelada: a normatização e a burocratização da transação penal nos Juizados Especiais Criminais: estudo de caso em Belo Horizonte	Ludmila Mendonça Lopes Ribeiro; Marcus Vinícius Cruz; Eduardo Batitucci	2004
45	Padrões de seleção no processamento dos homicídios dolosos: o tempo dos casos julgados pelo Tribunal de Justiça do Rio de Janeiro entre os anos 2000 e 2007	Ludmila Mendonça Lopes Ribeiro; Thais Lemos Duarte	2008
46	À espera da punição: reflexões sobre o trabalho da Justiça Criminal	Luiz Fábio Silva Paiva	2008
47	A judicialização da política e as relações entre os três poderes no Brasil (1988-1998)	Luiz Werneck Viana	1999
48	Fluxo do crime de homicídio no sistema de Justiça Criminal em Minas Gerais: casos ilustrativos	Marcus Vinícius Cruz; Amanda Figueiredo; Débora Ribeiro	2006
49	Os desembargadores do Tribunal de Justiça de São Paulo, 1873-1997: perfil social e construção da identidade profissional	Maria da Glória Bonelli	2000
50	A magistratura paulista e a resistência à reforma do Judiciário no Brasil	Maria da Glória Bonelli	2008
51	Instituições de Justiça: reforma e governabilidade democrática	Maria Tereza Sadek; Fábio J. Kerches Nunes; Rogério Bastos Arantes	1998
52	Sistema de Justiça, consolidação democrática e *accountability*	Maria Tereza Sadek; Rosângela Cavalcante; Fábio J. Kerches Nunes	1999

ID	Título	Autores	Ano
53	Antropologia, direito e diálogo intercultural: estudo de caso do processo criminal em que figura como vítima de homicídio o cacique Xicão Xukuru	Mariana Carneiro Leão Figueiroa	2009
54	Ministério Público, ONGs e cidadania no Brasil: três estudos de caso	Mario Luis Grangeia	2010
55	Direitos e afetos: análise etnográfica da "Justiça Restaurativa" no Brasil	Patrice Schuch	2006
56	Operadores do direito, vítimas e autores: uma conversa sobre o crime de estupro em Aracaju	Patricia Rosalba Salvador Moura Costa; Jorge Carvalho do Nascimento	2004
57	Drogas, direitos humanos e Justiça Criminal	Paulo César de Campos Morais	1999
58	O poder invisível: a burocracia judicial brasileira	Paulo Eduardo Alves da Silva	2008
59	Em busca da judicialização perdida: o TSE e o problema da *accountability*	Rafael Cortez; Vitor Emanuel Marchetti Ferraz Júnior	2007
60	A construção social da imagem da Ordem dos Advogados do Brasil (OAB) na mídia e a consolidação do papel da dupla vocação: profissional e institucional	Rennê Martins	2004
61	Famílias adotivas: a representação do Poder Judiciário	Rita de Cássia Cronemberger Sobral	2007
62	Quando eles as matam e quando elas os matam: uma análise da atuação do sistema de Justiça nos casos de conflitos de gênero em Porto Alegre/RS	Rochele Fellini Fachinetto	2009
63	Juizados Especiais Criminais	Rodrigo Ghiringhelli de Azevedo	2000
64	Tendências do controle penal na modernidade periférica: as reformas penais no Brasil e na Argentina na última década	Rodrigo Ghiringhelli de Azevedo	2003
65	Metodologia quantitativa na análise de ações judiciais de pedidos de medicamentos: o caso do Rio Grande do Sul	Rodrigo Stumpf González; Paulo Dornelles Picon; João Biehl	2010
66	Julgamentos sociais dos crimes de homicídio e suas variáveis impactantes: uma análise dos julgamentos no Tribunal do Júri de Aracaju de 2003 a 2007	Rogério Ferreira da Silva	2009

ID	Título	Autores	Ano
67	Discursos do Poder Judiciário sobre conjugalidades homoeróticas no Brasil contemporâneo	Rosa Maria Rodrigues de Oliveira	2007
68	Por que o Judiciário é resistente às ações afirmativas para negros no Brasil? Fatores que determinam as oposições às ações afirmativas nos discursos jurídicos	Santiago Falluh Varella	2009
69	Discriminação racial e ação afirmativa no emprego sob a perspectiva dos discursos jurídicos	Santiago Falluh Varella	2006
70	A judicialização da política no Brasil: um tema em aberto	Vanessa Oliveira; Ernani Rodrigues de Carvalho Neto	2002
71	O controle constitucional da atividade legislativa do Executivo: Brasil e Argentina comparados	Vitor Emanuel Marchetti Ferraz Jr.	2003
72	A competição política vai aos tribunais: a atuação do TSE no registro e cassação de mandato	Vitor Emanuel Marchetti Ferraz Jr.; Rafael Cortez	2009
73	Delegacias de defesa da mulher e Juizados Especiais Criminais: mulheres, violência e acesso à Justiça	Wânia Pasinato Izumino	2004
74	Acesso à Justiça para mulheres em situação de violência: um estudo de caso sobre a Delegacia da Mulher e a rede de enfrentamento a violência de Belo Horizonte	Wânia Pasinato Izumino	2010

Anexo 2

Artigos Scielo

ID	Título	Autores	Publicação	Ano
1	Legitimidade e governabilidade na regulação do sistema financeiro	Ademir Antonio Pereira Júnior	Revista Direito GV	2008
2	Escrevendo um romance, primeiro capítulo: precedentes e processo decisório no STF	Adriana de Moraes Vojvodic; Ana Mara França Machado; Evorah Lusci Costa Cardoso	Revista Direito GV	2009
3	A família do direito e a família no direito: a legitimidade das relações sociais entre a lei e a Justiça	Alexandre Zarias	Revista Brasileira de Ciências Sociais	2010

ID	Título	Autores	Publicação	Ano
4	Órfãos tutelados nas malhas do Judiciário (Bragança-SP, 1871-1900)	Ana Cristina do Canto Lopes Bastos; Moyses Kuhlmann Jr.	Cadernos de Pesquisa	2009
5	Política, Constituição e Justiça: os desafios para a consolidação das instituições democráticas	Anderson Orestes Cavalcante Lobato	Revista de Sociologia e Política	2001
6	Caminhos que levam à Corte: carreiras e padrões de recrutamento dos ministros dos órgãos de cúpula do Poder Judiciário brasileiro (1829-2006)	André Marenco; Luciano da Ros	Revista de Sociologia e Política	2008
7	O STF e a construção institucional das autoridades reguladoras do financeiro: um estudo de caso das Adins	Camila Duran-Ferreira	Revista Direito GV	2009
8	Negociações coletivas e o poder normativo da Justiça do Trabalho	Carlos Henrique Horn	Dados	2006
9	Promotores de Justiça e novas formas de atuação em defesa de interesses sociais e coletivos	Cátia Aida Pereira da Silva	Revista Brasileira de Ciências Sociais	2001
10	A certeza que pariu a dúvida: paternidade e DNA	Claudia Fonseca	Revista Estudos Feministas	2004
11	Perícia criminal: uma abordagem de serviços	Cláudio Vilela Rodrigues; Márcia Terra da Silva; Oswaldo Mário Serra Truzi	Gestão e Produção	2010
12	Escassez de recursos, custos dos direitos e reserva do possível na jurisprudência do STF	Daniel Wei Liang Wang	Revista Direito GV	2008
13	Aborto na Suprema Corte: o caso da anencefalia no Brasil	Debora Diniz; Ana Cristina Gonzalez Vélez	Revista Estudos Feministas	2008
14	Centros de integração da cidadania: democratização do sistema de Justiça ou o controle da periferia?	Eneida Gonçalves de Macedo Haddad; Jacqueline Sinhoretto	São Paulo em Perspectiva	2004
15	Em busca da judicialização da política no Brasil: apontamentos para uma nova abordagem	Ernani Rodrigues de Carvalho Neto	Revista de Sociologia e Política	2004
16	O Supremo Tribunal Federal no processo de transição democrática: uma análise de conteúdo dos jornais Folha de S.Paulo e O Estado de S. Paulo	Fabiana Luci de Oliveira	Revista de Sociologia e Política	2004
17	Processos judiciais como fonte de dados: poder e interpretação	Fabiana Luci de Oliveira; Virgínia Ferreira Silva	Sociologias	2005

ID	Título	Autores	Publicação	Ano
18	Estudos no exterior e mediação de modelos institucionais: o caso dos juristas brasileiros	Fabiano Engelmann	Revista de Sociologia e Política	2008
19	A lei de execuções penais e os limites da interpretação jurídica	Gessé Marques Jr.	Revista de Sociologia e Política	2009
20	Cidadania e luta por direitos na Primeira República: analisando processos da Justiça Federal e do Supremo Tribunal Federal	Gladys Sabina Ribeiro	Tempo	2009
21	Os modelos conciliatórios de solução de conflitos e a "violência doméstica"	Guita Grin Debert; Marcella Beraldo de Oliveira	Cadernos Pagu	2007
22	Os predicados da ordem: os usos sociais da Justiça nas Minas Gerais 1780-1840	Ivan de Andrade Vellasco	Revista Brasileira de História	2005
23	Corpos do poder: operadores jurídicos na periferia de São Paulo	Jacqueline Sinhoretto	Sociologias	2005
24	Reforma da Justiça: estudo de caso	Jacqueline Sinhoretto	Tempo Social	2007
25	O benefício de prestação continuada no Supremo Tribunal Federal	Janaina Penalva; Debora Diniz; Marcelo Medeiros	Sociedade e Estado	2010
26	Indivíduos sob suspeita: a cor dos acusados de estupro no fluxo do sistema de Justiça Criminal	Joana Domingues Vargas	Dados	1999
27	Familiares ou desconhecidos? A relação entre os protagonistas do estupro no fluxo do sistema de Justiça Criminal	Joana Domingues Vargas	Revista Brasileira de Ciências Sociais	1999
28	Análise comparada do fluxo do sistema de Justiça para o crime de estupro	Joana Domingues Vargas	Dados	2007
29	Padrões do estupro no fluxo do sistema de Justiça Criminal em Campinas, São Paulo	Joana Domingues Vargas	Revista Katálysis	2008
30	A previsibilidade nas condenações por danos morais: uma reflexão a partir das decisões do STJ sobre relações de consumo bancárias	Júlia Caiuby de Azevedo Antunes	Revista Direito GV	2009
31	Juizados Especiais Cíveis do Paraná: pessoalidade e impessoalidade nos interstícios do estado	Juliano Vieira Alves	Sociedade e Estado	2004
32	Poder de decreto e *accountability* horizontal: dinâmica institucional dos três poderes e medidas provisórias no Brasil pós-1988	Luciano da Ros	Revista de Sociologia e Política	2008

ID	Título	Autores	Publicação	Ano
33	A "Justiça de Cingapura" na "Casa de Tobias": opinião dos alunos de direito do Recife sobre a pena de açoite para pichadores	Luciano Oliveira	Revista Brasileira de Ciências Sociais	1999
34	A produção decisória do sistema de Justiça Criminal para o crime de homicídio: análise dos dados do estado de São Paulo entre 1991 e 1998	Ludmila Mendonça Lopes Ribeiro	Dados	2010
35	Dezessete anos de judicialização da política	Luiz Werneck Vianna; Marcelo Baumann Burgos; Paula Martins Salles	Tempo Social	2007
36	Existe explicação econômica para o sub-registro de crimes contra a propriedade?	Marcelo Justus dos Santos; Ana Lúcia Kassouf	Economia Aplicada	2008
37	A Constituição de 1988, vinte anos depois: suprema corte e ativismo judicial "à brasileira"	Marcos Paulo Verissimo	Revista Direito GV	2008
38	Medo e violência no contexto urbano: o caso de José	Maria Cristina G. Giacomazzi	Horizontes Antropológicos	2000
39	Os desembargadores do Tribunal de Justiça do Estado de São Paulo e a construção do profissionalismo, 1873-1997	Maria da Glória Bonelli	Dados	2001
40	Ideologias do profissionalismo em disputa na magistratura paulista	Maria da Glória Bonelli	Sociologias	2005
41	Controle social e mediação de conflitos: as delegacias da mulher e a violência doméstica	Maria Teresa Nobre	Sociologias	2008
42	Poder Judiciário: perspectivas de reforma	Maria Tereza Sadek	Opinião Pública	2004
43	Judiciário: mudanças e reformas	Maria Tereza Sadek	Estudos Avançados	2004
44	Os bacharéis em direito na reforma do Judiciário: técnicos ou curiosos?	Maria Tereza Sadek; Humberto Dantas	São Paulo em Perspectiva	2000
45	Sobre armadilhas e cascas de banana: uma análise crítica da administração de Justiça em temas associados aos direitos humanos	Marina Pereira Pires de Oliveira	Cadernos Pagu	2008
46	Divorciados, na forma da lei: discursos jurídicos nas ações judiciais de divórcio em Florianópolis (1977 a 1985)	Marlene de Faveri; Teresa Adami Tanaka	Revista Estudos Feministas	2010
47	Os partidos dentro e fora do poder: a judicialização como resultado contingente da estratégia política	Matthew M. Taylor; Luciano da Ros	Dados	2008

ID	Título	Autores	Publicação	Ano
48	Aprendendo a lição: uma etnografia das varas especiais da infância e da juventude	Paula Miraglia	Novos Estudos — Cebrap	2005
49	A Justiça do Trabalho	Regina Lúcia de Moraes Morel; Elina Gonçalves da Fonte Pessanha	Tempo Social	2007
50	Valores, socialização e comportamento: sugestões para uma sociologia da elite judiciária	Renato M. Perissinotto; Pedro Leonardo Medeiros; Rafael T. Wowk	Revista de Sociologia e Política	2008
51	Atributos raciais no funcionamento do sistema de Justiça Criminal paulista	Renato Sérgio de Lima	São Paulo em Perspectiva	2004
52	Direitos civis e direitos humanos: uma tradição judiciária pré-republicana?	Roberto Kant de Lima	São Paulo em Perspectiva	2004
53	Juizados especiais criminais: uma abordagem sociológica sobre a informalização da Justiça Penal no Brasil	Rodrigo Ghringhelli de Azevedo	Revista Brasileira de Ciências Sociais	2001
54	Criminalidade e Justiça Penal na América Latina	Rodrigo Ghringhelli de Azevedo	Sociologias	2005
55	Direito e política: o Ministério Público e a defesa dos direitos coletivos	Rogério Bastos Arantes	Revista Brasileira de Ciências Sociais	1999
56	Exclusão socioeconômica e violência urbana	Sérgio Adorno	Sociologias	2002
57	A Justiça no tempo, o tempo da Justiça	Sérgio Adorno; Wânia Pasinato Izumino	Tempo Social	2007
58	As delegacias especiais de proteção à mulher no Brasil e a "judiciarização" dos conflitos conjugais	Teophilos Rifiotis	Sociedade e Estado	2004
59	Judiciário e privatizações no Brasil: existe uma judicialização da política?	Vanessa Oliveira	Dados	2005
60	Poder Judiciário: árbitro dos conflitos constitucionais entre estados e União	Vanessa Oliveira	Lua Nova	2009
61	Como levar o Supremo Tribunal Federal a sério: sobre a suspensão de tutela antecipada n. 91	Vera Karam de Chueiri; Joanna Maria de Araujo Sampaio	Revista Direito GV	2009
62	A judicialização da competição política: o TSE e as coligações eleitorais	Vitor Emanuel Marchetti Ferraz Jr.; Rafael Cortez	Opinião Pública	2009

CAPÍTULO 2
Livros sobre o sistema de Justiça no Brasil: um recorte de publicações resultantes de pesquisa empírica

LEANDRO MOLHANO RIBEIRO

FABIANA LUCI DE OLIVEIRA

A pesquisa jurídica no Brasil tende a privilegiar o livro como meio de divulgação de produção acadêmica. Partindo desse pressuposto, optamos por fazer um levantamento dos livros sobre o sistema de Justiça no Brasil que tenham base empírica, publicados a partir do final da década de 1990 — para sermos mais precisos, consideramos em nossa pesquisa os livros publicados de janeiro de 1997 até novembro de 2011. Elegemos como plataforma de busca dos livros o site da Livraria Cultura por ser a livraria nacional com o maior acervo disponível de títulos.[1] Na pesquisa foram utilizados oito termos de busca: (1) Justiça; (2) Judiciário; (3) Judicial; (4) Judicialização; (5) Juiz; (6) Tribunal; (7) Defensoria Pública e (8) Ministério Público.

Feita a busca com base nesses termos, chegamos a um total de 3.408 publicações, sendo 359 títulos repetidos. Desconsiderando os títulos repetidos, para

---
[1] Entre livros, *eBooks*, *audiobooks* e DVDs, são mais de 4 milhões de títulos. A busca foi feita no dia 10 de novembro de 2011, utilizando o site <www.livrariacultura.com.br>; a busca avançada, a partir de palavra(s) do título.

os 3.049 títulos consolidados aplicamos um primeiro filtro: excluímos todas as publicações que fossem manuais de direito, preparatórios para concurso, livros infantis e de literatura, assim como os livros publicados em outro idioma que não o português e os livros de direito internacional. Aplicado esse primeiro filtro, nossa amostra foi reduzida para um total de 270 títulos, conforme ilustrado no quadro 1 abaixo.

Para esses 270 títulos restantes identificamos, a partir do resumo da obra e do sumário, se eram trabalhos com base empírica ou não. Aplicamos, então, um segundo filtro: excluímos os trabalhos essencialmente teóricos, mas que se valem de casos exemplares apenas como recurso de ilustração, não consistindo em pesquisa empírica sistemática.

Quadro 1 | Resultado da busca a partir dos termos-chave e da aplicação do primeiro filtro de exclusão

Termo de busca	Total de títulos	Total de títulos após filtro 1*
Justiça	500	102
Judiciário	384	69
Judicialização	24	11
Judicial	500	15
Juiz	500	20
Tribunal	500	15
Ministério Público	500	25
Defensoria Pública	500	13

* O filtro 1 consistiu em excluir manuais de direito, preparatórios para concurso, livros infantis e de literatura, livros publicados em outro idioma que não o português e livros de direito internacional.

A aplicação desse segundo filtro resultou na seleção de 30 obras, de autoria e/ou organização de 37 autores. É evidente que essa seleção não é exaustiva. Ela restringe-se ao universo pesquisado e ao recorte dado pelos termos de busca. Mas, ainda que não seja exaustiva, fornece um bom indicativo do que tem sido feito, com base empírica, nessa área.[2] Isso implica inferir que pouco mais de 11% das obras publicadas sobre sistema de Justiça no Brasil têm como fonte pesquisa empírica.

Obras selecionadas

Considerando as obras empíricas, em termos de data de publicação, há uma boa distribuição entre os anos de 1997 e 2011, os picos se dando em 2001 e 2008 (ver gráfico 1).

Os dados do gráfico 2 indicam que quase metade destas obras (45%) trata do Poder Judiciário. As obras que tratam de mais de uma instituição do sistema, ou mais de um ator, foram classificadas na categoria sistema de Justiça, com 16% dos livros se enquadrando nessa categoria. Também os Juizados Especiais totalizam 16% das obras. Cerca de 13% dos livros se referem ao STF; 6%, ao Ministério Público; e outros 6%, à Defensoria Pública.

Gráfico 1 | Data de publicação. Base: 30 livros

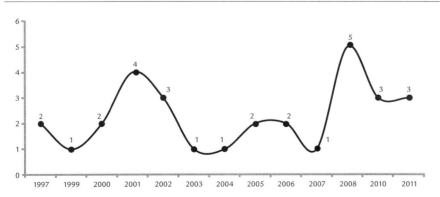

---

[2] Ver no anexo 1, ao final do texto, a lista completa das 30 obras selecionados com base nos critérios apresentados.

Gráfico 2 | Classificação do objeto. Base: 30 livros

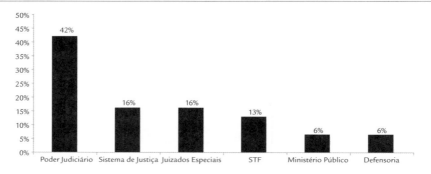

E qual a temática predominante nessas obras? As três temáticas mais recorrentes são o acesso à Justiça, a judicialização da política e das relações sociais e o perfil dos operadores do direito — cada uma dessas temáticas representa, respectivamente, 23% do total de obras. Em quarto lugar está a análise do fluxo e do funcionamento da Justiça (categoria utilizada para classificar os trabalhos que abordam o processo que um caso percorre nas diversas instituições da Justiça). Depois, 10% das obras referem-se à percepção da Justiça ou do Judiciário. E, por fim, com 3% cada, os temas da reforma do Judiciário e a análise do processo decisório.

Gráfico 3 | Classificação da temática predominante. Base: 30 livros

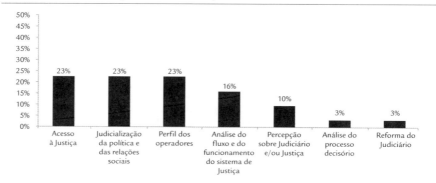

No que se refere aos autores destas obras, 81% são doutores, 14% são mestres e 4% têm apenas especialização. Grande parte desses autores tem a titulação

máxima em direito (41%), seguida pelos provenientes da ciência política (27%) e da sociologia (16%). Ciências sociais aparece em quarto lugar (8%) e, em quinto, antropologia (5%).

Gráfico 4 | Área de titulação máxima dos autores
Base: 37 autores e/ou organizadores

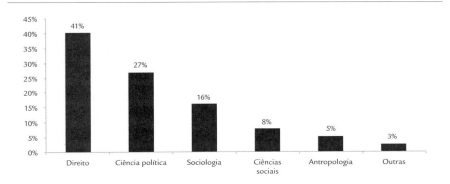

A USP é a principal instituição de formação destes autores, com o Iuperj em segundo lugar e a UFRJ em terceiro. Também há 10% dos autores com titulação obtida em faculdades fora do país.

Gráfico 5 | Instituição de titulação máxima dos autores
Base: 37 autores e/ou organizadores

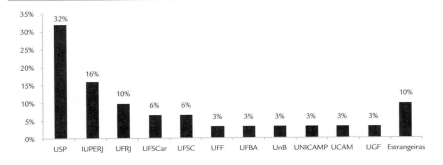

Em termos de instituição de vinculação, a PUC-Rio concentra cerca de 18% destes autores, a USP e a UFF vêm em segundo lugar, com 9% cada uma; depois vêm Uerj, FGV-RJ, UFSCar, UFRJ, FGV-SP e Fundação Joaquim Nabuco (Fundaj) com 6% dos autores cada. Com um autor cada, aparecem as universidades UFJF, Unisinos, UFG, Universidade Federal de São Paulo (Unifesp), Centro Universitário Curitiba (Unicuritiba), e também com um autor cada, as seguintes instituições de Justiça, Tribunal de Justiça do Distrito Federal (TJ/DF), Tribunal de Justiça de Pernambuco (TJ/PE), Tribunal Regional Federal (TRF), Tribunal de Justiça de São Paulo (TJ/SP) e Defensoria Pública.

Gráfico 6 | Instituição de vinculação dos autores
Base: 37 autores e/ou organizadores

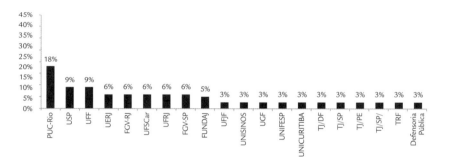

Ressaltamos mais uma vez que esse levantamento não teve a intenção de ser exaustivo, mas apenas retratar uma faceta da pesquisa empírica sobre sistema de Justiça no Brasil. Assim, naturalmente, a seleção deixou alguns importantes estudos de fora. No entanto, há duas obras que não podemos deixar de mencionar, pela relevância que têm para os estudos empíricos do direito, tanto por seus autores quanto pela temática de que tratam.

Obedecendo a ordem cronológica das publicações temos *Delegados de polícia*, de Maria Tereza Sadek. O livro foi publicado em 2003, pela editora Sumaré, e discute o perfil dos delegados de polícia no Brasil, a partir de dados de um *survey* realizado pelo Índice de Desenvolvimento da Educação do Estado de São Paulo (Idesp). A pesquisa traça o perfil biográfico (características demográficas, origem social etc.) e o perfil ideológico dos delegados (seu posicionamento e percepções acerca da polícia e da segurança pública no país).

O segundo livro, *Judging policy: courts and policy reform in democratic Brazil*, de Matthew Taylor, é resultado da pesquisa de doutorado do autor e foi publicado em 2008 pela editora Stanford University. Nessa obra, Taylor aborda o fenômeno da judicialização da política no Brasil e trata do processo decisório nos tribunais, a partir da análise da atuação da Justiça Federal brasileira, com foco especial no STF. O argumento central do livro é de que as características institucionais do sistema judiciário brasileiro (estruturas burocráticas, arranjos constitucionais e institucionais, instrumentos legais e normas profissionais) impactam a promoção de políticas públicas e determinam a forma como o Judiciário influencia a política.

Considerando que algumas temáticas foram mais privilegiadas pelos autores que publicaram livros resultantes de pesquisa empírica sobre o sistema de Justiça, elegemos dois desses temas para nos debruçarmos com mais detalhes em seu conteúdo.

Temáticas

Esta seção realiza uma breve apresentação dos livros que se constituíram em marcos importantes sobre dois dos temas mais recorrentes na produção empírica encontrada acima: judicialização da política e das relações sociais e acesso à Justiça. O objetivo não é fazer uma resenha sobre esses livros, mas apontar aspectos relevantes dessas temáticas, as quais ganharam desdobramentos em trabalhos posteriores e têm se constituído em agendas de pesquisa no país. Tais agendas, como será proposto na seção seguinte, apresentam uma série de proposições importantes sobre a operação do sistema de Justiça brasileiro e sua relação com a política e a sociedade, demandando, a nosso ver, novos trabalhos empíricos.

A judicialização da política e das relações sociais no Brasil

O livro *A judicialização da política e das relações sociais no Brasil*, de Luiz Werneck Vianna, Maria Alice Resende de Carvalho, Manuel Palacios Cunha Melo e Marcelo Baumann Burgos, publicado em 1999 pela editora Revan, é um marco importante para a pesquisa empírica e teórica sobre o fenômeno da judicialização no Brasil. O livro divide-se em duas partes. Na primeira, que trata da judicialização da política no Brasil, os autores foram pioneiros em analisar 1.935 ações diretas de inconstitucionalidade (Adins) — o que significou o total de Adins até o ano de 1998 — segundo as variáveis ano de distribuição, requerentes e requeridos, dispositivos legais questionados e fundamentação constitucional, julgamento tanto liminar quanto ao mérito da ação. As Adins foram, também, classificadas pelos autores por áreas de direitos afetados: administração pública, política social, regulação econômica, política tributária, regulação da sociedade civil, competição política e relações de trabalho. A análise das Adins foi justificada por ser o instrumento inovador no arcabouço político-jurídico brasileiro, através do qual "o legislador constituinte confiou ao Supremo Tribunal Federal (STF) o controle abstrato de constitucionalidade das leis, mediante a provocação da chamada comunidade de intérpretes da Constituição" (Vianna et al., 1999:47).

Após uma análise descritiva da distribuição das Adins segundo as variáveis e áreas de direito mencionadas acima, os autores realizaram uma análise pormenorizada das ações de inconstitucionalidade, segundo seus requerentes, ou, como denominam, a "comunidade de intérpretes" da Constituição de 1988. Assim, foram analisadas as Adins dos governadores, da Procuradoria Geral da República, dos Partidos Políticos, das Associações de Trabalhadores, Profissionais e Empresariais e da OAB. O livro se detém, também, no julgamento das Adins (liminar e mérito) para cada um dos requerentes e conta com duas subseções dedicadas às Adins por omissão e ao tratamento que o STF vinha conferindo às medidas provisórias, até aquele momento.

Na segunda parte do livro, a judicialização das relações sociais é que entra em cena. Os autores se debruçaram, primeiramente, sobre a experiência internacional dos Juizados Especiais para, então, apresentar as experiências incipientes dos Juizados Especiais no Brasil. Nesse sentido, descreveram o pioneirismo dos conselhos de conciliação e arbitragem no país e a criação dos Juizados de Pequenas Causas. Em seguida, realizaram uma pesquisa empírica sobre a atuação dos Juizados Especiais no Rio de Janeiro. Com dados estatísticos sobre processos e feitos cíveis e criminais entre 1995 e 1998, os autores retrataram o funcionamento desses juizados no Rio de Janeiro.

Observa-se, portanto, o trabalho empírico de fôlego empreendido pelos autores na coleta, sistematização e análise de dados sobre a judicialização da política e das relações sociais no Brasil. Seria difícil enumerar e analisar todos os achados do livro nesta breve descrição. Como afirmamos acima, não é este o objetivo. Contudo, ressaltamos algumas hipóteses e proposições dos autores que nos parecem relevantes, ao revelar uma agenda de pesquisas empíricas que, embora lançada pelos autores em 1999 e tenha tido algum desdobramento, ainda parece estar em aberto, em busca de mais coleta de dados, mais sistematizações de informações e análise:

- Em primeiro lugar, destaca-se o enquadramento teórico ou chave interpretativa geral do fenômeno da judicialização que orienta as análises e os diagnósticos dos autores, tanto no que se refere à sua dimensão política como no que diz respeito às relações sociais. Especificamente, o significado da judicialização da política e das relações sociais no contexto de consolidação do valor da igualdade na experiência europeia de consolidação do *welfare* e a singularidade brasileira de judicialização a partir da democratização do país. Tais considerações remetem a proposições passíveis de testes empíricos sobre a relação entre judicialização e cidadania no Brasil. Tema que será explorado na quarta seção deste capítulo.
- Em segundo lugar, há as reflexões sobre a judicialização da política no Brasil, em que os autores lançam mão do conceito de "comunidade de intérpretes" da Constituição. No caso, os autores identificam uma atuação de promoção de direitos e a racionalização da administração pública na interação entre tal comunidade e o STF. Tal proposição também pode orientar pesquisas empíricas sobre a inserção do Judiciário como ator relevante no

processo decisório brasileiro — tema também a ser explorado na quarta seção do capítulo.

A JUDICIALIZAÇÃO E A "AGENDA DA IGUALDADE"

O primeiro aspecto do qual se pode extrair uma agenda de estudos empíricos sobre o sistema de Justiça é o tratamento do próprio fenômeno da judicialização da política como consequência não antecipada da "agenda da igualdade". Partindo de uma exposição histórica e sociológica, Vianna e colaboradores mostram como a judicialização foi gradualmente sendo inserida na vida social e política, a partir da reivindicação de uma legislação de *welfare* por parte de atores sociais no século XIX na Europa. A fonte da judicialização da política e das relações sociais foi diferente no caso brasileiro e seu contraste com o processo ocorrido na Europa pode ser interessante para a elaboração de proposições sobre judicialização e cidadania a serem testadas empiricamente.

Chama a atenção, no processo constitutivo da judicialização no caso europeu, a conclusão dos autores a respeito do papel da "agenda da igualdade que, além de importar a difusão do direito na sociabilidade, redefine a relação entre os três Poderes, adjudicando ao Poder Judiciário funções de controle dos poderes políticos" (Vianna et al., 1999:21); "é essa agenda que está na raiz do processo, indubitavelmente não linear, de transformação universal do Poder Judiciário em agência de controle da vontade do soberano, permitindo-lhe invocar o *justo* contra a lei" (Vianna et al., 1999:21).

Nessa chave analítica, o fenômeno da judicialização é apreendido no contexto de "radicalização do princípio da igualdade", concretizada na expansão e institucionalização do direito na vida social, especialmente o direito do trabalho e sua reivindicação igualitária e de justiça social. Tal reivindicação foi levada a cabo, principalmente, pelo sindicalismo e culminou na formação não apenas de uma legislação de *welfare* como, posteriormente, na configuração do estado de bem-estar. Nessa interpretação, a judicialização teria decorrido dos seguintes processos:

- A infiltração da Justiça no mercado de compra e venda da força de trabalho e a consequente existência de um direito desigual para indivíduos "substantivamente desiguais".
- Posteriormente, o princípio de justiça social do *welfare* foi incorporado pela administração pública no estado de bem-estar, orientando a intervenção governamental na regulação da economia e a gestão e provisão das políticas sociais, fazendo com que as relações sociais fossem "mediadas por instituições políticas democráticas" (Przeworski, apud Vianna et al., 1999:17). Tem-se, assim, uma "jurisdicização das relações sociais, fazendo do direito e dos seus procedimentos uma presença constituinte do capitalismo organizado" (Vianna et al., 1999:17).
- As exigências técnicas, o conhecimento especializado e necessidade de "ação tempestiva" requeridas pela mediação do estado de bem-estar nas esferas econômica e social criaram condições propícias para que o Poder Executivo superasse o Legislativo na produção normativa.
- Tal processo, por sua vez, impulsionou o crescimento de uma burocracia autônoma em relação ao controle político. A administração pública passou a tutelar paternalisticamente as diferentes esferas da vida social.
- Tal processo intensificou a "publicização da esfera privada", configurando uma sociedade funcionalizada à espera de tutela da cidadania pelo Estado administrativo.

Outra ocorrência importante para a judicialização foi a substituição da concepção de tempo da "certeza jurídica" liberal referida ao passado, na qual a técnica de controle social clássica dividia-se entre o certo e o errado, o justo e o injusto, por uma "ênfase na noção de tempo futuro", alterando a técnica de controle para um tipo *promocional* de prescrição de "programas de desenvolvimento futuros", de execução gradual. O resultado final desse processo foi "a judicialização do mercado de trabalho, com a transformação dos conflitos a ele inerentes em matéria a ser jurisdicionada pelo direito" e que "significou a tentativa de extrair o tema da justiça social da arena livre da sociedade civil, dos partidos e do Parlamento, compreendendo-o como um efeito a ser regulado pelo Poder Judiciário, de cuja intervenção dependeria uma convivência harmoniosa dos interesses divergentes" (Vianna et al., 1999:17).

A consequência final foi que

> o Estado social, ao selecionar o tipo de política pública que vai constar da sua agenda, como também ao dar publicidade às suas decisões, vinculando expectativas e os comportamentos dos grupos sociais beneficiados, traduz, continuamente, em normas jurídicas as suas decisões políticas. A linguagem e os procedimentos do direito, porque são dominantes nessa forma de Estado, mobilizam o Poder Judiciário para o exercício de um novo papel, única instância institucional especializada em interpretar normas e arbitrar sobre sua legalidade e aplicação, especialmente aos casos sujeitos à controvérsia [Vianna et al., 1999:20].

Tudo isso em um contexto em que o direito passou a se orientar para o presente e o futuro, tendo em vista seus princípios e normas indefinidos e indeterminados, exigindo do Judiciário o acabamento da lei em aberto produzida pelos outros poderes, quando provocado a se manifestar pelas instituições e pela sociedade civil (Vianna et al., 1999:21).

O processo de judicialização da política foi, na visão dos autores, posteriormente reforçado pelo constitucionalismo moderno, com a positivação dos direitos fundamentais. No entanto, seu impulso inicial foi dado pela sociedade civil e instituído pela dinâmica do estado de bem estar-social — tendo como origem, portanto, a agenda da igualdade.

> Assim, a democratização social, tal como se apresenta no Welfare State, e a nova institucionalidade da democracia política que se afirmou, primeiro, após a derrota do nazifascismo e depois, nos anos 70, com o desmonte dos regimes autoritários-corporativos do mundo ibérico (europeu e americano), trazendo à luz Constituições informadas pelo princípio da positivação dos direitos fundamentais, estariam no cerne do processo de redefinição das relações entre os três Poderes, ensejando a inclusão do Poder Judiciário no espaço da política [Vianna et al., 1999:22].

Os autores mencionam, ademais, para novos processos sociais, como a "massificação da tutela jurídica" que emerge de conflitos coletivos inerentes ao processo de globalização, que estariam diretamente associados ao envolvimento do direito na própria construção da sociabilidade, na medida em que tais ações favorecem a formação de identidades e de núcleos de organização social. Este contexto tem conferido novo relacionamento entre os poderes e informado novas atuações do Poder Judiciário, com destaque para sua atuação como alternativa à resolução de conflitos coletivos, agregador do tecido social e adjudicador da cidadania. Isso levaria a "uma nova arena pública, externa ao circuito clássico 'sociedade civil — partidos — representação — formação majoritária, consistindo em ângulo perturbador para a teoria clássica da soberania popular'" (Vianna et al., 1999:22).[3]

A agenda igualitária teve impacto também sobre a judicialização das relações sociais: "É da agenda igualitária e da sua interpelação por grupos e indivíduos em suas demandas por direitos, por regulação de comportamentos e reconhecimento de identidades, mesmo que em um plano exclusivamente simbólico, que tem derivado o processo de judicialização das relações sociais" (Vianna et al., 1999:150). O direito volta, nesse caso, a procurar satisfazer as demandas igualitárias de camadas e setores da população até recentemente não atendidas pelo Poder Judiciário, mulheres, pobres, crianças, adolescentes, normatizando novos temas (meio ambiente, relações de gênero, questões ambientais, entre outros) e consolidando novas práticas adjudicativas (mediação, conciliação) e novos direitos (como direitos difusos) ao mundo contemporâneo. "É, enfim, a essa crescente invasão do direito na organização da vida social que se convencionou chamar de judicialização das relações sociais" (Vianna et al., 1999:149).

Mas quais seriam as diferenças entre o macro processo que se deu na Europa e a judicialização das relações políticas e sociais no Brasil? Para o caso bra-

---

[3] Os autores se debruçam ainda em uma discussão teórica sobre os impactos de todo esse processo para a própria democracia, identificando dois eixos de análise opostos. Um eixo, denominado procedimentalista, vocalizado por Habermas e Garapon, que diagnostica um aspecto negativo na invasão da política pelo direito, na medida em que isso pode acarretar a perda da liberdade. Outro eixo seria o substancialista, representado por Cappelletti e Dworkin, no qual a relação entre direito e política seria favorável ao desenvolvimento da democracia.

sileiro, os autores sustentaram uma perspectiva mais otimista sobre o impacto da judicialização para a conquista da cidadania e a operação da democracia.

CONSTITUCIONALIZAÇÃO DOS JUIZADOS ESPECIAIS, CIDADANIA, COMUNIDADE DE INTÉRPRETES DA CONSTITUIÇÃO E DEMOCRACIA

No Brasil, a constitucionalização dos Juizados Especiais teria proporcionado acesso ao acolhimento de forma eficaz das pequenas causas no país, constituindo-se, consequentemente, em um "canal novo de expressão ao processo de democratização social, pela facilitação do acesso à Justiça" (Vianna at al., 1999:43). Tal fato foi impulsionado pela institucionalização dos Juizados Especiais Cíveis e Criminais nos estados brasileiros. As novas formas de acesso à Justiça e a judicialização das relações sociais que ela faculta se constituiriam, assim, em canais importantes de conquista da cidadania e potenciais instrumentos para a "reconstituição do tecido da sociabilidade" em uma sociedade caracterizada por baixo grau de associativismo. De forma esperançosa, os autores afirmam a possibilidade de que "a democratização do acesso à Justiça possa ser vivida como arena de aquisição de direitos, de credenciamento à cidadania e de animação para uma cultura cívica que dê vida à República" (Vianna et al., 1999:44).

No caso da judicialização da política, a entrada em cena do Judiciário no exercício do controle dos atos dos poderes Executivo e Legislativo foi consequência não da incorporação de novos papéis de instituições já consolidadas, mas da inovação institucional de controle concentrado de constitucionalidade proporcionado pela Constituição de 1988. Tal instituto, embora não tenha sido decorrência da "expressão da vontade da sociedade civil organizada", foi prontamente percebido como importante na defesa da cidadania e para a "racionalização da administração pública" (Vianna et al., 1999:47).

Dada a possibilidade de que uma comunidade de intérpretes (partidos, governadores, sindicatos, OAB e procurador-geral) pudesse exercer controle sobre as ações públicas das forças majoritárias, a judicialização da política foi diagnosticada como um fator capaz de conectar a democracia representativa e a participativa no país. A judicialização, assim, não enfraqueceu o sistema de partidos, mas o reforçou. Isso porque, embora não tenha sido obra da sociedade civil organizada, esta teria descoberto no controle concentrado um instrumento complementar de suas lutas — particularmente da minoria parlamentar e das organizações sindicais — em um contexto de ativismo legislativo do Executivo que tem marcado a política brasileira do presidencialismo de coalizão desde o início dos anos 1990 (principalmente através do "uso continuado e abusivo" de medidas provisórias). Os dados tabulados na pesquisa, ao mostrarem o uso crescente de Adins propostas por partidos e associações, levam os autores a perceber uma indicação de que tais atores estariam procurando instituir no Poder Judiciário uma "arena alternativa à democracia representativa" (Vianna et al., 1999:58).

Vale ressaltar ainda que, naquele momento, a análise de Vianna e colaboradores atribuía ao STF um comportamento contido, cauteloso em "administrar as suas relações com os demais poderes", evitando o ativismo judicial (Vianna et al., 1999:48). No entanto, os autores identificaram uma tendência do papel ativista, por pressões advindas das ações impetradas pela "comunidade de intérpretes". De fato, os autores sustentam que tais ações estariam "induzindo uma atitude mais favorável por parte do STF no que se refere à assunção de novos papéis" (Vianna et al., 1999:53).

Outra conclusão importante de Vianna e colaboradores diz respeito à constitucionalização do direito administrativo, tema observado em mais de 60% das Adins, e que seria indicador de uma racionalização da administração pública imprimida pelo STF que, ao agir assim, estaria incorporando um papel de Conselho de Estado.

Até que ponto tais proposições sobre os impactos da judicialização da política e das relações sociais no Brasil sobre a cidadania e sobre o funcionamento da democracia se confirmam? Até que ponto e em que medida as consequências sociais e políticas dos processos de judicialização diferem daquelas existentes no mundo europeu? Tais temas, dados sua complexidade e riqueza, parecem constituir uma agenda ainda aberta a novos tratamentos empíricos.

Acesso à Justiça

O livro *Acesso à Justiça* foi organizado por Maria Tereza Sadek e lançado pela editora Fundação Konrad Adenauer em 2001. Ele se constitui em outra obra influente nos estudos sobre Justiça no Brasil. O livro divide-se em duas partes. A primeira, intitulada "Poder Judiciário e Juizados Especiais: o acesso à Justiça Estatal", contempla os artigos "O Judiciário e a prestação da Justiça" (Maria Tereza Sadek, Fernão Dias de Lima, José Renato de Campos Araújo), "Juizado especial: ampliação do acesso à Justiça?" (Luciana Gross Siqueira Cunha) e "Juizado Especial Cível" (Alcir Desasso). A segunda parte, "A advocacia gratuita e os canais alternativos para proteção dos direitos", contém os artigos "Juizados especiais cíveis (JECs) e faculdades de direito: a universidade como espaço de prestação de Justiça" (Rosângela Batista Cavalcanti), "Acesso à Justiça e assistência jurídica em São Paulo" (Luciana Gross Siqueira Cunha), "Projeto CIC (Centro de Integração da Cidadania): Justiça e comunidades carentes na cidade de São Paulo" (José Renato de Campos Araújo), "Os meios de comunicação e o acesso dos cidadãos à Justiça" (Suely M. Grissanti) e "Experiências institucionais de acesso à Justiça no estado da Bahia" (Alvino Oliveira Sanches Filho).

O livro realiza um retrato da Justiça, mediante dados quantitativos e, através de estudos de caso e pesquisas exploratórias, descreve tanto o funcionamento dos Juizados Especiais como apresenta experiências inovadoras de acesso à Justiça no Brasil. A seguir serão ressaltados alguns aspectos substantivos e metodológicos dos estudos contemplados no livro e que podem contribuir para análises empíricas futuras sobre o tema. Tal como na discussão acima sobre judicialização, não temos qualquer pretensão de esgotar todas as discussões proporcionadas pelos autores.

RETRATO DO SISTEMA DE JUSTIÇA

Logo na introdução, Sadek apresenta os dois tipos de experiência que os estudos organizados no livro se dedicam a analisar: aquelas promovidas dentro do

próprio Poder Judiciário e aquelas levadas a cabo por instituições extrajudiciárias e não estatais. Além disso, o livro apresenta um "retrato do Judiciário" e da prestação da Justiça no Brasil por meio de dados quantitativos, sugestivamente apresentados sobre os seguintes tópicos:
- série histórica de processos entrados e julgados na Justiça Comum entre 1990 e 1998, condensados para o país e desagregados por região e por estados — dados estes conjugados com informações sobre população e Índice de Desenvolvimento Humano (IDH);
- processos entrados e julgados nos Tribunais de Justiça dos estados no período de 1990 a 1999;
- processos distribuídos e julgados nos cinco Tribunais Regionais Federais entre 1989 e 1999;
- processos distribuídos e julgados entre 1989 e 2000 no STJ;
- o movimento processual (recebidos, distribuídos e julgados) pelo STF entre 1989 e 2000;
- o número de cargos previstos em lei e providos nos estados brasileiros em 1998.

Os números apresentados pelos autores revelam um Judiciário em expansão no que se refere ao número de processos entrados e julgados, o que poderia suscitar, conforme os autores argumentam nas notas finais do artigo, as seguintes hipóteses explicativas: a sociedade seria altamente conflituosa e buscaria o Judiciário para resolver tais conflitos, ou trata-se de uma sociedade cujos direitos consagrados em lei uma vez ameaçados seriam rapidamente reclamados na Justiça, ou, ainda, o que ocorreu foi uma democratização do Judiciário. Sadek e colaboradores, no entanto, inclinam-se a buscar explicação em uma "situação paradoxal" que conjugaria um pouco das hipóteses levantadas: no Brasil haveria uma "simultaneidade da existência de demandas demais e de menos". Quer dizer, uma parcela específica da população brasileira estaria concentrando o acesso à Justiça enquanto a maioria dela sequer conheceria a existência do Poder Judiciário.

Assim, a explicação para a expansão de processos no país residiria na hipótese de que "a instituição seria muito procurada exatamente por aqueles que sabem tirar vantagens de sua utilização" (Sadek, 2001:40). Mais enfaticamente, os atores sustentam que "caso ela [a proporção de processo por habitante] não resultasse de um viés, estaríamos diante de uma sociedade marcada por uma cidadania ativa e de um Judiciário alçado a um serviço público de primeira necessidade, uma instituição realmente presente no cotidiano de todos os cidadãos" (Sadek, 2001:40). Como os próprios autores afirmam, tal hipótese precisa e merece ser melhor trabalhada pelos estudos empíricos sobre o acesso à Justiça no Brasil.

O JEC EM FUNCIONAMENTO: ESTUDOS DE CASO

Os dois capítulos seguintes do livro, "Juizado especial: ampliação do acesso à Justiça?", de Luciana Cunha, e "Juizado Especial Cível", de Alcir Desasso, tratam das experiências dos Juizados Especiais Cíveis como configurações institucionais capazes de aumentar o acesso à Justiça e responder às demandas com dificuldades de serem respondidas pelo Judiciário. A seguir serão ressaltados alguns aspectos substantivos e metodológicos dos dois trabalhos que podem contribuir para estudos futuros sobre o tema, sem qualquer pretensão de, com isso, esgotarmos todas as discussões apresentadas pelos autores.

Luciana Cunha analisa a atuação dos Juizados Especiais em São Paulo, observando sua estrutura, movimentação processual, caráter de suas decisões e o atendimento conferido à população. Para isso, a autora se vale de acompanhamento das experiências nos juizados, entrevistas com agentes nas atividades dos juizados e juízes de direito e análise de casos processados pelo Juizado Especial Cível Central de São Paulo. As entrevistas permitiram observar percepções nem sempre positivas sobre o funcionamento dos juizados, o que pode se constituir em ferramenta importante de aprimoramento institucional do sistema, identificando seus pontos positivos e eventuais obstáculos. Em primeiro lugar, destacam-se percepções distintas entre juízes sobre a ampliação de competência dos Juizados Especiais: uma positiva quanto à celeridade e efetividade na solução de conflitos, outra negativa, ao ponderar a necessidade de investimento em infraestrutura a fim de evitar um eventual colapso no funcionamento dos juizados. Em segundo lugar, na percepção dos magistrados, a ausência de juízes titulares se constitui em um obstáculo à institucionalização do sistema de juizados. Além disso, uma análise específica no Juizado Cível Central mostrou que os juízes reclamavam não apenas de problemas de estrutura, mas de excesso de trabalho, apontaram para problemas nos critérios de seleção de conciliadores (ausência de formação prévia) e no uso recorrente do Juizado Central por pessoas de classe média.

Alcir Desasso se propõe a fazer um estudo comparativo das diferentes instâncias cíveis do município de Carapicuíba: os Juizados Especiais Cíveis (JEC), o Juizado Informal de Conciliação (JIC) e as varas cíveis. Especificamente, o autor trata da evolução do JEC e seus efeitos sobre as outras instâncias cíveis do município. Procedendo a estudo de processos no município e estudos de caso de audiências realizadas no juizado, o autor acaba por retratar o funcionamento deste em suas características essenciais: informalidade, oralidade, estrutura administrativa leve, liberação de advogado e trabalho voluntário de advogados como árbitros ou conciliadores. A pesquisa localizada apontou alguns aspectos negativos do funcionamento de tal estrutura. Ao analisar a evolução do atendimento do JIC e do JEC, o autor constata uma gradual substituição do primeiro pelo segundo. A partir da instituição do JEC, em 1995, a relação de atendimento entre o JIC e o JEC era de, respectivamente, 95% e 5% dos casos. Em 1999 passou para 7% (JIC) e 93% (JEC). Esse fato é explicado pelas limitações do JIC e pelo processo de formalização da Justiça destinada às pequenas causas. Outra proposição importante elaborada a partir de estudos de caso de audiências realizadas no juizado é o autor sustentar que a presença de advogado parecia intimidar a parte com advogado e que, embora as causas tenham valores baixos, a complexidade do direito envolvido é elevada. A conclusão geral é que, embora o JEC tenha democratizado o acesso à Justiça, a lei que o criou teve o "efeito perverso de aumentar o formalismo processual" e que "diferentemente de seus antecessores [JIC] [...] no JEC manuseia-se uma considerável quantidade de papéis nos processos, efeito talvez da supervalorização de provas escritas, em detrimento das orais e testemunhais" (Sadek, 2001:95).

PESQUISAS EXPLORATÓRIAS SOBRE EXPERIÊNCIAS ALTERNATIVAS
DE PROTEÇÃO DE DIREITOS

Entrevistas exploratórias foram realizadas por Rosângela Cavalcanti em sua pesquisa com o intuito de analisar a experiência dos juizados localizados nas universidades. Os principais objetivos do trabalho foram observar a atuação desses juizados segundo atendimento a diferentes estratos socioeconômicos da população, averiguar os tipos de demandas recorrentes e o tempo de resolução de conflitos e a percepção do aluno-estagiário quanto à contribuição da experiência de trabalho no juizado para o aprendizado prático. A análise foi conduzida com cinco faculdades de direito de um total de 26 com convênio com o Tribunal de Justiça, sendo entrevistados alguns alunos participantes do projeto, professores orientadores, funcionários do JEC e algumas pessoas atendidas. As respostas coletadas revelaram perspectivas positivas entre os entrevistados quanto à possibilidade de a experiência se constituir em alternativa de acesso mais rápido e eficaz e uma contribuição importante para o preparo do aluno de direito.

Outra pesquisa de tipo exploratória foi realizada por José Renato Araújo em seu artigo sobre o Projeto CIC, com o intuito de descrever o funcionamento desse projeto. Para isso, o autor realizou duas visitas (uma no dia 4 e outra no dia 15 de setembro de 2000) a duas unidades do CIC do governo do estado de São Paulo (um na zona Sul e outro na zona Oeste do município de São Paulo) e uma entrevista com o assessor técnico da diretoria do CIC (órgão da Secretaria de Justiça e da Defesa da Cidadania). O principal objetivo do CIC é reunir em um mesmo espaço físico e proporcionar à população carente os serviços realizados pelos seguintes órgãos: Ministério Público, JEC, Procuradoria de Assistência Judiciária (PAJ), Assistência Social, Secretaria do Emprego e Relações do Trabalho (Sert), Juizado Informal de Conciliação (JIC), Delegacia de Polícia, Posto Policial Militar, Companhia de Desenvolvimento Habitacional e Urbano (CDHU), Grupo Executivo da Fundação de Proteção e Defesa do Consumidor (Procon) e Secretaria de Segurança Pública (SSP).

OUTRAS EXPERIÊNCIAS DE ACESSO À JUSTIÇA

Além desses trabalhos, o livro *Acesso à Justiça* conta com um estudo de Suely Grissanti sobre o papel da mídia (escrita, de rádio e televisiva) na promoção de direitos, um trabalho detalhado de Luciana Cunha sobre a atuação da Procuradoria de Assistência Judiciária (PAJ) do estado de São Paulo na prestação de assistência jurídica — com proposta de observar a contribuição de tal serviço na efetividade da cidadania da população carente — e uma análise de experiências institucionais de acesso à Justiça na Bahia, de autoria de Alvino Filho — observando as experiências do Poder Executivo (por meio da Defensoria Pública, do Procon, da Delegacia de Proteção à Mulher, do Serviço de Atendimento ao Cidadão e do projeto "O Ministério Público vai às ruas") e do Judiciário (Ouvidoria Judicial, Juizados Especiais Cíveis e Criminais).

Desdobramentos

Da análise apresentada nos livros citados acima e que se constituem em obras de referência em seus respectivos temas é possível pensar em algumas proposições que merecem ser aprofundadas teórica e, sobretudo, empiricamente.

Judicialização da política, ativismo e processo decisório

Um tema que merece destaque na discussão apresentada acima é o da judicialização da política e da participação do Judiciário — especialmente o STF — no processo decisório brasileiro. Observa-se, na análise de Vianna e colaboradores, que o termo judicialização da política é utilizado como referência à entrada do direito na política sem uma menção explícita a autores que procuraram operacionalizar esse conceito. Na verdade, essa despreocupação não compromete o trabalho dos autores, uma vez que eles não estão preocupados em descrever ou explicar os mecanismos ou interações entre os atores relevantes no processo decisório a partir do conceito de judicialização. Apenas em uma passagem a respeito do uso de Adins das forças minoritárias (partidos de esquerda ou da oposição e sindicatos) é que há uma referência a dois autores, Neal Tate e Torbjorn Vallinder, que se consagraram por apresentar na década de 1990 um conceito de judicialização. Particularmente, Vianna e colaboradores (1999:51) afirmam nessa passagem que

> por provocação da sociedade civil, principalmente do mundo da opinião organizada nos partidos e do mundo dos interesses, nos sindicatos, o Poder Judiciário se vem consolidando como ator político e importante parceiro no processo decisório, confirmando as hipóteses de Tate e Vallinder sobre a judicialização da política como um recurso das minorias contra as maiorias parlamentares.

É interessante notar que, para Tate e Vallinder — talvez os autores mais citados quando se trata de usar o termo judicialização da política nos trabalhos brasileiros —, a judicialização da política é um fenômeno muito específico. Segundo os autores, a judicialização da política pode ter duas dimensões: por um lado, pode se referir a um fenômeno "mais dramático" de transferência de decisões normativas dos poderes Legislativo e/ou Executivo para o Judiciário (daí a importância dos instrumentos de controle de constitucionalidade) e, por outro lado, pode ser um fenômeno "menos dramático", em que métodos típicos de decisão e resolução de conflitos dos tribunais são usados em outras instâncias administrativas. Mas, embora a judicialização possa ser facilitada por um conjunto de condições (separação de poderes, formalização de direitos políticos, uso recorrente dos tribunais, instituições majoritárias inefetivas, como partidos e governos fracos, percepção negativa generalizada das instituições majoritárias e delegação de decisões normativas aos tribunais), uma condição necessária para que ela ocorra é que os juízes decidam participar do processo decisório, realizando ações que caberiam aos outros poderes. Ou seja, o conceito de judicialização de Tate e Vallinder apresenta um componente de *ativismo*[4] e seria, na visão desses

---

[4] O conceito de ativismo judicial, embora apresente várias conotações na literatura especializada, se relaciona com uma ideia de *extrapolação* das atribuições e funções típicas dos juízes. Sobre a história do conceito, seus diversos sentidos e dificuldades de operacionalização, ver Green (2009) e Kmiec (2004).

autores, um fenômeno de ocorrência rara, na medida em que a probabilidade de os juízes decidirem participar do processo decisório aumenta quando seus valores não são coincidentes com os valores da coalizão majoritária.

Não nos parece ser essa especificidade do fenômeno da judicialização o que Vianna e colaboradores buscam no trabalho — de fato, naquele momento os autores apontaram certo comportamento contencioso do Judiciário, mas procuram mostrar a movimentação da "comunidade de intérpretes" para fazer valer direitos e contestar políticas públicas, por meio do recurso do controle concentrado de constitucionalidade. Nesse sentido, parece ser sugestivo buscar analisar de forma mais sistemática e aprofundada as interações dos atores relevantes que participam dessa comunidade de intérpretes. Será que tal comunidade, valendo-se do recurso institucional de controle concentrado, se configura como uma verdadeira arena política em que interesses políticos mobilizados ou contestados contribuem para a configuração final de políticas públicas no Brasil? Em que medida e como os atores de tal comunidade, juntamente com atores relevantes do Judiciário, interagem no processo político decisório? Essas questões parecem que ainda podem render bons trabalhos no país e esforços nesse sentido já estão sendo realizados — exemplos são os trabalhos de Taylor (2008), Oliveira (2011) e Pogrebinschi (2011).

Nesse sentido, dois outros usos recorrentes do conceito de judicialização podem ser mobilizados em uma agenda interessante de pesquisa. Um conceito é a judicialização segundo entendimento de Stone Sweet como o processo de resolução de conflitos entre duas partes em uma dada comunidade através do recurso a um "terceiro ator" formado por juízes ou tribunais que, ao decidirem, criam regras que afetam a estrutura normativa previamente existente. Vale ressaltar, de antemão, que Stone Sweet tem como referência de análise o modelo de cortes constitucionais difundido na Europa após a II Guerra Mundial; no entanto, o que se pretende chamar atenção aqui é para alguns aspectos que possam contribuir para a análise do caso brasileiro.

Embora Stone Sweet não use o termo "judicialização da política", sua análise volta-se em grande medida para o processo de judicialização dos conflitos envolvendo medidas dos poderes Legislativo e Executivo. Nesse caso, a principal forma de atuação do Judiciário consiste em rever atos do governo e a possibilidade de invalidá-los — o que seria o exercício do controle de constitucionalidade. Tal atuação recorrente gera o que o autor denomina "política constitucional" e que consiste na criação e recriação de regras que, por sua vez, geram discursos sobre as capacidades e os limites do uso do poder do Estado. Agindo dessa forma, juízes de tribunais apresentam um caráter contramajoritário — ou seja, uma atuação de veto às decisões majoritárias, amparado pela Constituição vigente.

Na concepção do autor, a atuação contramajoritária do Judiciário no processo decisório pode ser mais complexa do que a apresentada acima, caso haja uma coexistência do instrumento de controle de constitucionalidade e dos direitos constitucionalizados. Na medida em que direitos são constitucionalizados, é difícil separar as funções dos poderes Legislativo e Judiciário. Nesses casos há espaço para o que o autor chama de judicialização da governança parlamentar, em que atores do Legislativo e do Judiciário interagem. A natureza, o escopo e a intensidade da interação entre esses poderes se relacionam com a configuração institucional dos instrumentos de controle existentes (sendo, por exemplo, uma interação direta na existência de controle abstrato e indireta no controle concreto). Essa interação entre os poderes permite que Stone Sweet conceba o processo legislativo como um lócus da política constitucional e, pelo menos no caso europeu, considere as cortes constitucionais como "órgão legislativo especializado" em que o controle de constitucionalidade consiste em um estágio da produção normativa. Assim, o Judiciário pode ter as seguintes influências no processo decisório:

- Ter um impacto legislativo imediato, direto e formal nas decisões sobre políticas públicas. As formas de atuação direta se dão da invalidação total ou invalidação parcial de atos dos outros poderes, ou através da definição de formas de comportamento das autoridades públicas, especificando quando a norma produzida deve ser aplicada ou, ainda, como deve ser aplicada.
- Ter um efeito pedagógico, indireto de retroalimentação (opinião) sobre o processo legislativo. Isso ocorre quando os outros poderes definem ou adaptam sua produção normativa a julgamentos prévios (no caso, podem ser precedentes) dos tribunais ou segundo expectativas quanto a seu comportamento

possível. Nesses casos pode haver tanto uma espécie de "autolimitação" dos demais poderes diante de uma antecipação a uma possível invalidação de atos normativos por parte dos tribunais, como consultas a juristas especializados em direito constitucional, ou ainda a adequação de uma lei proposta à jurisprudência existente.

Esse segundo aspecto é particularmente importante, pois indica que um determinado assunto está judicializado sem que seja contestado diretamente no Judiciário. Tal proposição alinha-se com vertente analítica que se denomina "a nova separação dos poderes", cujas formulações ressaltam os comportamentos "antecipatórios" na interação inerente ao processo decisório democrático entre os atores relevantes dos poderes Executivo, Legislativo e Judiciário (Figueiredo, Jacobi e Weingast, 2009). A análise do processo decisório, no caso, deve incorporar as características de atores "externos" à produção direta ou imediata de políticas públicas. Quer dizer, incorporar aqueles que não atuam diretamente na elaboração de políticas em um primeiro momento, mas podem se constituir em veto no momento subsequente (Taylor, 2008). A possibilidade de veto leva à antecipação das preferências dos atores externos por parte dos formuladores de políticas, a fim de evitar uma derrota posterior de suas decisões. Tal como indicado por Stone Sweet, o Poder Judiciário pode ser concebido dessa forma na análise de políticas públicas: como um ator que pode limitar as opções ou primeiras preferências do Executivo e do Legislativo. Diante disso, as preferências dos atores majoritários seriam "ajustadas" pelas preferências do ator externo (no caso, o Judiciário), de modo que a produção normativa seja passível de ser aprovada, mesmo se contestada na Justiça.

Na verdade, segundo as próprias proposições acima, as decisões contramajoritárias diretas ou indiretas não seriam, de todo modo, o resultado generalizado esperado, na medida em que antecipando possibilidades de vetos futuros, os atores do Executivo e do Legislativo tentariam "absorver" o Judiciário em suas próprias preferências (Tsebelis, 2009). Tal processo de absorção seria possível, no caso do STF, através do sistema de indicação de ministros pelo presidente com confirmação pelo Senado: assim, os incentivos dos atores do

Executivo e do Legislativo seriam de aprovar juízes com preferências políticas semelhantes às suas — procedimento este já de conhecimento nas ciências sociais desde pelo menos a publicação do artigo de Robert Dahl sobre a Suprema Corte norte-americana como *policy maker* em 1957.[5]

Esse tipo de abordagem tem implicações inclusive para a análise de dados sobre as Adins — dados fundamentais para a análise da judicialização da política no Brasil. Se a judicialização pode ocorrer de antemão no processo decisório, em que o veto do STF paira como uma possibilidade real sobre decisão dos atores do Executivo e do Legislativo, a não declaração de inconstitucionalidade de uma norma contestada não significa, *necessariamente*, uma atuação não majoritária por parte do STF. O "ajuste" pode ter ocorrido anteriormente no processo de elaboração na norma. A outra possibilidade é, de fato, uma atuação majoritária dos atores do Judiciário, na medida em que suas preferências seriam correspondentes às dos atores do Executivo ou do Legislativo. Seja como for, a plausibilidade da proposição da "nova separação dos poderes", portanto, sugere cautela na análise das Adins, propiciando uma agenda relevante e interessante de estudos detalhados sobre a interação do Judiciário e a "comunidade de intérpretes" da Constituição no Brasil.

Ainda em relação às inferências que os dados sobre as Adins permitem extrair sobre o processo de judicialização da política no Brasil, gostaríamos de chamar a atenção para dois aspectos. O primeiro se relaciona com um comentário que Barry Friedman (2006) fez sobre como o direito opera e as restrições que a observação do resultado final de decisões pode apresentar ao analista, a partir do momento em que este extrai suas conclusões dos resultados das decisões judiciais e não das *opiniões* emitidas no julgamento. A preocupação de Friedman no artigo é com os estudos sobre comportamento judicial. No entanto, suas ponderações complementam as proposições de Stone Sweet e podem ser úteis para os estudos sobre judicialização que se apoiam basicamente nos resultados das Adins. Friedman ressalta a importância das opiniões emitidas pelos juízes — e não apenas os resultados — na configuração do sistema normativo que

---

[5] Para uma análise das indicações de ministros para o STF no Brasil, ver Prado e Turner (2010) e Arguelhes e Ribeiro (2011).

é criado através da atividade judicial.[6] As regras que informarão os novos casos se encontram presentes normalmente nas opiniões ou justificativas; nesse sentido, orientam o comportamento subsequente dos atores sociais. Ou seja, o impacto do Judiciário sobre a estrutura normativa não ocorre somente pelo resultado da decisão — como a análise de Stone Sweet parece sugerir —, mas, também, pelas justificativas que informam a decisão. A análise das justificativas pode informar o discurso normativo que emerge do processo de judicialização da política — ou seja, os efeitos normativos do processo de judicialização.[7]

O segundo aspecto diz respeito à "variação" da judicialização da política e que os dados no agregado podem esconder. Alguns aspectos da judicialização podem ter a ver com fenômenos semelhantes ao que Ran Hirschl (2005) denominou de "mega política", ou seja, controvérsias políticas e morais centrais, que dizem respeito à definição de identidades coletivas, instituição de regras eleitorais, julgamento de planos macroeconômicos ou fiscais, decisões sobre políticas externas e sobre segurança nacional, definição sobre as mudanças de regime, decisões sobre resultado eleitoral. Por sua natureza, tais casos podem não ser recorrentes, mas seu impacto profundo sobre a estrutura normativa de uma comunidade justifica um tratamento à parte e detalhado.

Acesso à Justiça, judicialização das relações sociais e cidadania

As discussões de Vianna e colaboradores (1999) e Sadek e colaboradores (2001) suscitam diversas questões a respeito das relações entre o acesso à Justiça, a

---

[6] Friedman (2006:266) afirma que *"at bottom, what law imposes is a requirement of reasoned justification, and reasons are found in the opinion of a court. It is entirely legitimate in law for judges in some circumstances to reach differing answers to the same question; what matters is that judges explain those answers in a plausible and coherent way. They not only must explain why a result is reached in one case; they also must explain how that result squares with the rules of other cases. This requirement of justification is fundamental in common law systems. It is almost impossible to study law in a meaningful way without some attention to the opinions that contain these justifications. Attention only to the outcomes of cases can present a misimpression of what the courts have done".*

[7] Um tipo de estudo sobre a "narrativa" do STF apresentada em julgamentos de casos relevantes foi realizado por Vojvodic, Machado e Cardoso (2009). O estudo aponta para uma falta de *ratio decidendi* entre os ministros do STF. De todo modo, o estudo baseia-se apenas em três casos e revela a necessidade e importância de maior sistematização sobre o tema no Brasil.

judicialização das relações sociais e a promoção da cidadania no Brasil. Se, por um lado, Vianna e colaboradores vislumbraram aspectos positivos na judicialização das relações sociais como capazes de promover direitos, justiça e cidadania no Brasil, o tom encontrado nas análises realizadas no livro *Acesso à Justiça* já é mais pessimista. De todo modo, as análises realizadas sugerem que algumas questões inter-relacionadas merecem tratamento mais aprofundado e sistematizado no país. Ressaltamos aqui as seguintes questões:

1) *"Endogeneidade"*. O tema de pesquisa a ser aprofundado diz respeito às possíveis consequências antecipadas ou não da própria judicialização da política sobre a "agenda da igualdade", tendo em vista a descrição do processo de judicialização realizada por Vianna e colaboradores. Não se trata, portanto, de explicar a origem dos fenômenos da judicialização — seja da política ou das relações sociais —, mas em descrever as inter-relações entre ambos os fenômenos. Quais as influências recíprocas entre acesso à Justiça, judicialização e cidadania? Em que medida é possível confirmar os prognósticos mais otimistas de Vianna e colaboradores ou os mais pessimistas encontrados no livro editado por Sadek?

2) *Acesso à Justiça e judicialização como fatores explicativos*. Um desdobramento desse tipo de investigação seria tomar a judicialização como fator explicativo. Especificamente seria possível pensar em pesquisas capazes de aprofundar as análises sobre o impacto da judicialização para a construção da cidadania no Brasil — tema que pode esclarecer em que medida a interação "judicialização × igualdade" pode estar mudando as "singularidades" de nosso tecido social não cívico identificadas pelos autores analisados neste capítulo. Será que o acesso à Justiça e a judicialização da política e das relações sociais estão produzindo algum impacto sobre o comportamento cívico no Brasil? O conjunto de proposições relacionando acesso à Justiça e promoção de cidadania apresentado nos estudos de caso e estudos exploratórios do livro *Acesso à Justiça* e análises sobre em que medida e como o Judiciário está promovendo uma narrativa de direitos para minorias e excluídos está ainda aberto a investigações mais detalhadas e sistemáticas.

3) *Path dependence*. Outra dimensão que parece merecer mais estudos diz respeito a investigações sobre as dimensões da vida social que eventualmente tenham sido "aprisionadas" pelo discurso normativo criado pelo processo de judicialização. Quer dizer, embora o direito tenha adquirido uma linguagem aberta ao futuro como mencionam Vianna e colaboradores, por meio de princípios constitucionais indeterminados, tal futuro pode, com o passar do tempo, ser menos aberto do que se imaginava, na medida em que regimes normativos vão sendo criados pela própria judicialização. Ou seja, as medidas judiciais, ao impactarem o arcabouço normativo, tal como mencionado por Stone Sweet, afetam as possibilidades futuras e, consequentemente, o comportamento dos agentes sociais. Tal fenômeno pode encontrar variações em sua intensidade, de acordo com as áreas da vida social judicializadas (por exemplo, pode ser mais ou menos intenso em relação à saúde, educação, trabalho etc.).

4) *Mudança social*. O desdobramento de tais investigações se relaciona com o conceito de judicialização de Stone Sweet — já mencionado acima, mas que tem dimensões que não foram explicitadas. Para Stone Sweet, a judicialização é um processo formado por duas dimensões: uma dimensão micro — em que conflitos não resolvidos de forma voluntária na interação entre dois atores são canalizados para um terceiro ator (normalmente, o Judiciário) — e uma dimensão macro — formada pela estrutura normativa sob a qual ocorrem as interações sociais. As regras de resolução de conflitos definidas pelo terceiro ator ligam ambas as dimensões. Para que os atores em conflito recorram ao terceiro ator, é fundamental que este tenha reputação de neutralidade, o que lhe confere legitimidade social. Para isso, o terceiro ator utiliza duas estratégias: (a) justifica seu comportamento *normativamente* e não em preferências particulares; (b) nos casos difíceis, decide de forma a incorporar as preferências dos atores em conflito. Neste último caso buscam um "meio-termo" entre as preferências dos atores em conflito, evitando a declaração de um claro vencedor. Tal decisão cria regras que reforçam ou promovem mudanças na estrutura normativa existente. A tal processo Stone Sweet chama de "ciclo da judicialização". Quais são os discursos normativos reforçados pelo Judiciário no processo de judicia-

lização das relações sociais, seja no sentido de manutenção, seja de alteração do *status quo* no Brasil? Quais diversidades apresentam, segundo esferas da vida social (direito de família, trabalho, justiça social etc.)?

5) *Perspectiva comparada*. A partir da chave interpretativa sobre o fenômeno da judicialização apresentada por Vianna e colaboradores pode-se pensar em que medida as relações entre acesso à Justiça, judicialização das relações sociais e cidadania se articulam aos contextos de crise de *welfare*, por um lado, e promoção de democracia, por outro. Nesse sentido, estudos comparativos sobre esses fenômenos podem revelar aspectos importantes para as análises propostas acima.

Referências

ARGUELHES, Diego Werneck; RIBEIRO, Leandro Molhano. Indicações presidenciais para o Supremo Tribunal Federal e seus fins políticos: uma resposta a Mariana Prado e Claudia Turner. *Revista de Direito Administrativo*, Rio de Janeiro, v. 255, p. 115-143, 2011.

DAHL, Robert. Decision-making in a democracy: the Supreme Court as national policymaker. *Journal of Public Law*, n. 6, p. 279-295, 1957.

FIGUEIREDO, Rui; JACOBI, Tonja; WEINGAST, Barry. The new separation of powers approach to American politics. In: GOODIN, Robert. *The Oxford handbook of political science*. Oxford University Press, 2009. p. 199-222.

FRIEDMAN, Barry. Taking law seriously. *Perspectives on Politics*, v. 4, n. 2, p. 261-276, 2006.

GREEN, Craig. An intellectual history of judicial activism. *Emory Law Journal*, v. 58, p. 1195-1264, 2009.

HIRSCHL, Ran. O novo constitucionalismo e a judicialização da política pura no mundo. *Revista de Direito Administrativo*, Rio de Janeiro, v. 251, p. 139178, 2005.

KMIEC, Keenan. The origin and current meanings of "judicial activism". *California Law Review*, v. 92, n. 5, p. 1441-1477, 2004.

OLIVEIRA, Fabiana Luci. *Justiça, profissionalismo e política*: o STF e o controle da constitucionalidade das leis no Brasil. Rio de Janeiro: FGV, 2011.

POGREBINSCHI, Thamy. *Judicialização ou representação*: política, direito e democracia no Brasil. Rio de Janeiro: Elsevier, 2011.

PRADO, Mariana; TURNER, Claudia. A democracia e seu impacto nas nomeações das agências reguladoras e ministros do STF. *Revista de Direito Administrativo*, Rio de Janeiro, n. 250, p. 28, p. 27-74, 2010.

SADEK, Maria Tereza. *Acesso à Justiça*. São Paulo: Fundação Konrad Adenauer, 2001.
STONE SWEET, Alec. *Governing with judges*: constitutional politics in Europe. Oxford: Oxford University Press, 2000.
TATE, C. Neal; VALLINDER, Torbjorn. The global expansion of judicial power: the judicialization of politics. In: TATE, C. Neal; VALLINDER, Torbjorn (Ed.). *The global expansion of judicial power*: the judicialization of politics. New York: New York University Press, 1995.
TAYLOR, Matthew. *Judging policy*: courts and policy reform in democratic Brazil. Stanford: Stanford University Press, 2008. caps. 4-6, p. 72-131.
TSEBELIS, George. *Atores com poder de veto*. Rio de Janeiro: FGV, 2009.
VIANNA, Luiz Werneck et al. *A judicialização da política e das relações sociais no Brasil*. Rio de Janeiro: Revan, 1999.
VIANNA, Luiz Werneck; BURGOS, Marcelo Baumann; SALLES, Paula Martins. Dezessete anos de judicialização da política. *Tempo Social*, v. 19, n. 2, p. 39-85, 2007.
VOJVODIC, Adriana de Moraes; MACHADO, Ana Mara França; CARDOSO, Evorah Lusci Costa. Escrevendo um romance, primeiro capítulo: precedente e processo decisório no STF. *Revista Direito GV*, v. 5, n. 1, p. 21-44, 2009.

Anexo 1

Obras selecionadas

Código	Título do livro	Autores e/ou organizadores	Editora	Ano de publicação
1	Corpo e alma da magistratura brasileira	VIANNA, Luiz Werneck; CARVALHO, Maria Alice	Revan	1997
2	Juízes: retrato em preto e branco	JUNQUEIRA, Eliane Botelho; VIEIRA, José Ribas; FONSECA, Maria Guadalupe Piragibe da	Letra Capital	1997
3	Judicialização da política e das relações sociais	BURGOS, Marcelo Baumann; CARVALHO, Maria Alice Rezende de; MELO, Manuel Palacios da Cunha; VIANNA, Luiz Werneck	Revan	1999
4	Justiça e cidadania no Brasil	SADEK, Maria Tereza	Sumaré	2000
5	Judiciário e economia no Brasil	CASTELAR PINHEIRO, Armando; LAMOUNIER, Bolívar	Sumaré	2000

Código	Título do livro	Autores e/ou organizadores	Editora	Ano de publicação
6	Decisão liminar: a judicialização da política no Brasil	TEIXEIRA, Ariosto	Plano – DF	2001
7	Reforma do Judiciário	SADEK, Maria Tereza	Konrad Adenauer	2001
8	Acesso à Justiça	SADEK, Maria Tereza	Konrad Adenauer	2001
9	Tribunal do Júri: símbolos e rituais	STRECK, Lenio Luiz	Livraria do Advogado	2001
10	Profissionalismo e política no mundo do direito: as relações dos advogados, desembargadores, procuradores de Justiça e delegados de polícia com o Estado	BONELLI, Maria da Glória	Edufscar	2002
11	Ministério Público e política no Brasil	ARANTES, Rogério Bastos	Educ	2002
12	Supremo Tribunal Federal: jurisprudência política	VIEIRA, Oscar Vilhena	Malheiros	2002
13	Juizados Especiais Criminais, sistema judicial e sociedade no Brasil: ensaios interdisciplinares	KANT DE LIMA, Roberto (Org.); AMORIM, Maria Stella (Org.); BURGOS, Marcelo Baumann (Org.)	Intertexto	2003
14	Justiça e violência contra a mulher: o papel do sistema judiciário na solução dos conflitos de gênero	IZUMINO, Wania Pasinato	Annablume	2004
15	Defensorias Públicas e infância	BARBOSA, Hélia	Saraiva	2005
16	O juiz sem a toga: um estudo da percepção dos juízes sobre trabalho, saúde e democracia no Judiciário	RIBEIRO, Herval Pina	Lagoa	2005
17	Magistrados: uma imagem em movimento	SADEK, Maria Tereza Aina; BENETI, Sidnei Agostinho; FALCÃO, Joaquim	Editora FGV	2006
18	Profissões jurídicas, identidades e imagem pública	BONELLI, Maria da Glória; OLIVEIRA, Fabiana Luci de; MARTINS, Rennê	Edufscar	2006

Código	Título do livro	Autores e/ou organizadores	Editora	Ano de publicação
19	A Defensoria Pública na visão dos atores envolvidos na Justiça Comum em Pernambuco: oficina de segurança, justiça e cidadania	LIMA, Ana Eliza Medeiros Vasconcelos; CALDAS NETO, Magda de; MELO, Ronivalda de Andrade; FRANÇA, Eudes dos Prazeres	Massangana	2007
20	Ministério Público e a judicialização da política: estudos de casos	CASAGRANDE, Cássio	Safe	2008
21	Os rituais judiciários e o princípio da oralidade	BAPTISTA, Bárbara G. Lupetti	Safe	2008
22	O ritual judiciário do Tribunal do Júri	FIGUEIRA, Luiz Eduardo	Safe	2008
23	Juizado Especial: criação, instalação, funcionamento e a democratização do acesso à Justiça	CUNHA, Luciana Gross	Saraiva	2008
24	Aprendendo a ser juiz: a escola da magistratura	FRAGALE FILHO, Roberto	Topbooks	2008
25	Justiça, profissionalismo e política: o STF e o controle da constitucionalidade das leis no Brasil	OLIVEIRA, Fabiana Luci de	Editora FGV	2010
26	Acesso à Justiça: uma análise dos Juizados Especiais Cíveis no Brasil	FERRAZ, Leslie Sherida	Editora FGV	2010
27	Justiça comunitária: por uma justiça da emancipação	FOLEY, Glaucia Falsarella	Fórum	2010
28	Judicialização ou representação?: política, democracia e direito no Brasil	POGREBINSCHI, Thamy	Campus	2011
29	Direitos humanos: Poder Judiciário e sociedade	CUNHA, José Ricardo	Editora FGV	2011
30	Poder Judiciário e as políticas públicas previdenciárias	FRANÇA, Giselle de Amaro e	LTR	2011

CAPÍTULO 3
**Pesquisa empírica em direito no Brasil:
o estado da arte a partir da plataforma Lattes
e dos encontros do Conpedi**

ROBERTO FRAGALE FILHO

RODOLFO NORONHA

Pesquisa empírica em direito no Brasil: afinal, isso existe? A resposta é necessariamente positiva, ainda que ela possa ser qualificada de residual, periférica e incompreendida. Com efeito, os métodos empíricos de investigação são absolutamente residuais na pesquisa jurídica, já que percebidos pelo campo acadêmico jurídico como estranhos ao seu ofício, como inadequados à especificidade de seu objeto. Na verdade, a resistência oferecida pelo campo à exploração empírica encontra-se associada a uma aversão mais ampla (e mais antiga) à utilização de estratégias metodológicas próprias a outras áreas do saber, como, aliás, pode-se constatar nos anais da Reunião Anual de 1994 do Conselho Nacional de Pesquisa e Pós-Graduação em Direito (Conpedi), quando houve quem afirmasse ser "uma verdadeira heresia, um verdadeiro absurdo introduzir no direito a metodologia das ciências sociais" (Conpedi, 1994:131). Essa resistência não impediu, contudo, que o movimento ali desenvolvido em favor de uma estruturação institucional da área descortinasse o importante debate em torno da especificidade da pesquisa jurídica, indicando que sua existência está articulada com "a seleção e a construção de problemas para a investigação" (Conpedi,

1994:118). Em outras palavras, a inadequação dos métodos empíricos dizia respeito, na verdade, aos problemas selecionados e construídos para análise no campo acadêmico jurídico, pois, na medida em que dizer o que é o direito era percebido como mais importante que dizer o que ele faz na sociedade, os problemas selecionados terminavam por versar (e ainda versam) essencialmente sobre a dogmática, objeto hegemônico do campo. Assim, a compreensão da estrutura normativa, sua interpretação e aplicação constituíam a tônica da área, que era ainda insuflada, nos primeiros anos de institucionalização do Conpedi, por uma forte preocupação em torno do processo de redemocratização do país. Em suma, o esforço empírico ainda era tímido e incipiente, constituindo uma aberração na área.

Quase duas décadas depois, o universo da pós-graduação em direito expandiu-se (Fragale Filho, 2005), ampliando sua agenda de pesquisas. Os estudos interdisciplinares e a incorporação de métodos empíricos ganharam corpo e deixaram de ser completamente estranhos ao campo jurídico (Fragale Filho e Veronese, 2004). Ainda assim, a resistência à abordagem empírica não desapareceu. Na verdade, o que parece ter se alterado é o processo de "seleção e construção de problemas". Com efeito, na esteira de uma trajetória de consolidação dos estudos sobre os sistemas de Justiça na área das ciências sociais (Sadek, 2002), a preocupação com diagnósticos mais precisos sobre o funcionamento do aparato judicial, pautados em dados idôneos e construídos com inequívoco rigor científico, ganhou corpo e contaminou uma parcela da produção do campo acadêmico jurídico, ainda que ela permaneça residual. A dificuldade em romper esse isolamento pode ser dimensionada pelos três grandes desafios que enfrentam os pesquisadores que adotam o trabalho empírico como estratégia de abordagem: (a) a necessidade de quebra de um paradigma fortemente estabelecido, que concebe a pesquisa jurídica como levantamento bibliográfico e a análise crítica como confronto de teses, (b) o estranhamento diante de métodos quantitativos e qualitativos aparentemente inapropriados para a análise de questões jurídicas, e (c) a difícil objetivação do problema examinado, quase sempre percebido de forma fluida e, portanto, dificilmente construído em torno de hipóteses aferíveis a partir de "implicações observáveis".

Ainda assim, este quadro tem sido paulatinamente alterado, em especial porque a reforma do sistema de Justiça demanda dados empíricos idôneos para orientar a formulação de políticas públicas adequadas e a produção de um arcabouço legislativo aderente às reais necessidades dos tribunais e da população. Nesse sentido, no âmbito da Secretaria de Reforma do Judiciário (SRJ) do Ministério da Justiça (MJ), importantes diagnósticos têm sido oferecidos para uma melhor compreensão da Defensoria Pública, dos Juizados Especiais Cíveis, dos cartórios judiciais e de mecanismos processuais tais como a tutela coletiva e as execuções fiscais. Mapear os pesquisadores envolvidos em tais esforços por meio de uma "porta de entrada" objetivada, isto é, despida dos subjetivismos próprios a quem também se postula como integrante do campo, é o desafio aqui enfrentado com o propósito de contribuir para o desenvolvimento de uma comunidade científica que compartilhe métodos e estratégias empíricas no campo acadêmico jurídico.

Construindo os parâmetros do levantamento

Quando falamos em pesquisa empírica, a primeira impressão costuma remeter a estudos estatísticos, ou seja, estudos que envolvem "a utilização de técnicas estatísticas de inferência a largos corpos de dados em um esforço para detectar importantes regularidades (ou irregularidades) que não tenham sido previamente identificadas ou definidas" (Schuck, 1989). Entretanto, é possível ampliar o alcance de tal definição e imaginar que estudos empíricos dizem respeito a pesquisas construídas a partir da observação do mundo, isto é, dados, que podem ser tanto quantitativos quanto qualitativos. Quando aqui se fala em pesquisa empírica, está-se a examinar um tipo de investigação cujas premissas não dizem respeito ao mundo idealizado do dever-ser, mas constroem suas análises a partir do mundo do ser. O trabalho empírico não é, portanto, aqui pensado tão somente em termos quantitativos, mas engloba toda e qualquer investigação cujo ponto de partida é o que efetivamente ocorre no mundo jurídico.

Entretanto, mapear esse tipo de investigação no direito é bastante difícil, pois a tradição dogmática da pesquisa jurídica no Brasil sempre privilegiou o trabalho individual e sua divulgação por meio de livros. Como corolário dessa opção, o periodismo jurídico esteve preferencialmente associado à divulgação das decisões judiciais e à análise das inovações legislativas e praticamente desconhecia o sistema de validação de resultados mediante a adoção de um modelo de revisão cega por pares (*blind review*). Conquanto esforços estejam sendo empreendidos para modificar essa realidade, essas circunstâncias ainda são claramente perceptíveis nas dificuldades encontradas pelo sistema Qualis de classificação de periódicos (o Webqualis) na área jurídica da Coordenação de Aperfeiçoamento de Pessoal de Nível Superior (Capes), vinculada ao Ministério da Educação. A realização do mapeamento a partir de artigos científicos publicados em revistas especializadas revelou-se, portanto, bastante difícil. De fato, não há no Brasil canais editoriais semelhantes ao *American Law and Economics Review*, ao *Journal of Legal Empirical Studies*, ao *Supreme Court Economic Review* ou, ainda, ao *The Journal of Legal Studies*, que possibilitariam identificar os trabalhos já realizados. Na verdade, a incipiente pesquisa empírica jurídica nacional encontra-se bastante dispersa e não possui um espaço editorial que congregue a maior parte de sua produção. Como, por outro lado, concentrar o olhar na produção da SRJ/MJ poderia proporcionar um forte viés na análise, impunha-se escolher outra porta de entrada, distinta dessas aventadas, para o levantamento.

Ela foi encontrada na plataforma Lattes, que é a base de dados de currículos, instituições e grupos de pesquisa das áreas de Ciência e Tecnologia, gerenciada pelo Conselho Nacional de Desenvolvimento Científico e Tecnológico (CNPq). Ora, na medida em que a plataforma congrega os currículos dos pesquisadores nacionais e permite a realização de buscas tanto a partir de nomes quanto de assuntos, optou-se pela construção de uma base de dados a partir da utilização das expressões "pesquisa empírica" e "direito". Seu uso não é aqui, contudo, efetuado como um índice de frequência, mas como um possível indicador de pertencimento ao campo aqui definido: o campo da pesquisa empírica em direito. Elas foram, portanto, utilizadas como critério de busca na plataforma, em junho de 2011, retornando um total de 261 currículos. Cada um deles foi examinado para se construir uma base de dados com as seguintes variáveis: nome, titulação máxima (área, instituição e ano de obtenção), instituição (ou instituições) de vinculação e inserção no sistema de fomento do CNPq na qualidade de pesquisador. Por sua vez, cada uma das variáveis recebeu uma codificação própria de forma a criar padrões de comparabilidade. Nesse sentido, a titulação máxima foi codificada, quanto ao grau, em quatro níveis: (a) bacharel, (b) especialista, (c) mestre e (d) doutor. Quanto à área, em consonância com a tabela de conhecimento do CNPq, a codificação deu-se em nove níveis: (a) ciências exatas e da terra, (b) ciências biológicas, (c) engenharias, (d) ciências da saúde, (e) ciências agrárias, (f) ciências sociais aplicadas, (g) ciências humanas, (h) linguística, letras e artes e (i) multidisciplinar. Por sua vez, quanto à instituição de obtenção, assumindo a localização geográfica como parâmetro, distinguiu-se entre (a) exterior (Europa, Estados Unidos, América Latina e outros) e (b) Brasil, explicitando aqui as regiões do país (Norte, Nordeste, Centro-Oeste, Sudeste e Sul) e a natureza da instituição (pública federal, pública estadual, pública municipal e particular). Quanto à instituição de vinculação, ou seja, local de trabalho, a codificação utilizou três variáveis: (a) instituição de ensino ou pesquisa (ou seja, academia), (b) administração pública e (c) setor privado. O conjunto de variáveis utilizado para a realização da codificação da base de dados pode ser visualizado na tabela 1.

Tabela 1 | Codificação da plataforma Lattes

Categoria	Variáveis			
Nome				
Titulação máxima	Grau			
	Área	Tabela de área de conhecimento do CNPq		
	Instituição de obtenção	Exterior		
		Brasil	Região geográfica	
			Natureza administrativa	
	Ano			
Instituição de vinculação	Natureza institucional			
Pesquisador CNPq	Categorias			

Porquanto construído a partir da plataforma Lattes, cujos dados são inseridos pelos próprios autores sob uma lógica de autodesignação (isto é, as próprias pessoas se atribuem as expressões aqui utilizadas para definir o *corpus*), o conjunto de dados aqui examinado necessitava ser confrontado com outra base de dados, que pudesse corroborar, refutar ou complementar a análise efetuada. Assim, optou-se por examinar a produção realizada no âmbito do Conselho Nacional de Pesquisa e Pós-Graduação em Direito (Conpedi), que, a partir de 2004, deixou de ser um espaço de reflexão institucional sobre a pós-graduação em direito para se transformar em um espaço de socialização da produção acadêmica jurídica nacional. Em outras palavras, na medida em que o Conpedi transformou-se em um espaço privilegiado de socialização da pesquisa em direito, assumiu-se que ele seria um espaço adequado para dar visibilidade à produção do pesquisador "tipo" identificado a partir do *corpus* primário. Assim, decidiu-se examinar os anais das reuniões havidas entre o XV Encontro Preparatório (Recife, junho de 2006) e o XIX Congresso Nacional (Florianópolis, outubro de 2010), pois os correspondentes textos encontravam-se todos disponíveis no sítio eletrônico do Conpedi. Embora os anais do XIV Congresso Nacional (Fortaleza, novembro de 2005) também estivessem disponíveis on-line, optou-se por descartá-los, pois não estavam disponíveis os anais do encontro precedente havido no mesmo ano. Ou seja, o corte temporal foi realizado com base na oferta dos anais dos dois eventos havidos no mesmo ano. Por conta disso, também foram descartados os anais do XX Encontro Nacional (Belo Horizonte, junho de 2011), pois o XX Congresso Nacional (Vitória, novembro de 2011) ainda não havia ocorrido. Ao total, foram examinados, em junho e entre setembro e outubro de 2011, os anais de 10 reuniões da comunidade acadêmica jurídica, buscando identificar os trabalhos que apresentavam uma vertente empírica para mapeamento das mesmas variáveis. Eis a lista completa:

- XV Encontro Preparatório (Recife, junho de 2006);
- XV Congresso Nacional (Manaus, novembro de 2006);
- XVI Encontro Preparatório (Campos dos Goytacazes, junho de 2007);
- XVI Congresso Nacional (Belo Horizonte, novembro de 2007);

- XVII Encontro Preparatório (Salvador, junho de 2008);
- XVII Congresso Nacional (Brasília, novembro de 2008);
- XVIII Encontro Nacional (Maringá, julho de 2009);
- XVIII Congresso Nacional (São Paulo, novembro de 2009);
- XIX Encontro Nacional (Fortaleza, junho de 2010);
- XIX Congresso Nacional (Florianópolis, outubro de 2010).

Para assegurar as possibilidades de comparação, esse segundo *corpus* foi constituído com base nas mesmas categorias e variáveis utilizadas para exame da plataforma Lattes e, em seguida, sistematizado pelos componentes da equipe que realizou ambos os levantamentos: Alexandre Haguenauer, Eduardo Guido Cavalieri Doro e Thiago Corrêa, todos alunos bolsistas de iniciação científica da FGV Direito Rio entre agosto de 2010 e junho de 2011. É importante ressaltar a contribuição trazida pelos professores Antonio José Maristrello Porto, Fabiana Luci de Oliveira, José Ricardo Cunha e Leandro Molhano Ribeiro por ocasião do I Seminário de Estudos Empíricos realizado na FGV Direito Rio, em setembro de 2010, quando os contornos iniciais do projeto foram debatidos.

Os dados

A plataforma Lattes

A busca realizada na plataforma Lattes a partir do uso combinado das expressões "pesquisa empírica" e "direito" revelou a existência de 261 currículos que poderiam ser, a partir de uma lógica de autodesignação, enquadrados como pertencentes ao campo da pesquisa empírica em direito. Consoante já indicado acima, a primeira etapa de nosso percurso consistiu em sistematizar esse banco de dados a partir das categorias e variáveis indicadas na tabela 1. Assim, os dados sistematizados na tabela 2 indicam que quase quatro quintos dos currículos examinados correspondem a pessoas com processos formativos consolidados, ou seja, que já concluíram seus doutorados. Por outro lado, menos de

4% não possui qualquer experiência em pós-graduação e um único caso versa sobre estudante de ensino superior ainda em seu primeiro momento de formação (graduação). É importante observar a ausência de qualquer entrada na pós-graduação *lato sensu*, o que parece sinalizar que tal nível de formação não seria um espaço acadêmico apropriado para o desenvolvimento de trabalhos com tal tipo de estratégia metodológica.

Tabela 2 | Grau de titulação máxima

Grau	Quantidade
Doutor	207
Mestre	44
Especialista	-
Bacharel	9
Ensino médio	1
Total	261

Quanto à área de titulação máxima, consoante indicado na tabela 3, ciências sociais aplicadas e ciências humanas são responsáveis, respectivamente, por 47,9% e 34,9% dos títulos. Ou seja, conjuntamente, com 82,8% das incidências, elas respondem por quatro quintos da titulação máxima dos componentes do campo. Por sua vez, no interior de cada uma dessas duas áreas, destacam-se, respectivamente, os campos do direito e da sociologia.

Tabela 3 | Área de titulação máxima

Área	Quantidade
Ciências exatas e da terra	3
Ciências biológicas	5
Engenharias	9
Ciências da saúde	19
Ciências agrárias	1
Ciências sociais aplicadas	125
Ciências humanas	91
Linguística, letras e artes	8
Multidisciplinar	-
Total	261

O local de titulação máxima, presente na tabela 4, traz alguns dados bastante interessantes. Quase um terço (29,1%) das titulações máximas foi obtido no exterior, ao passo que pouco menos de três quartos dizem respeito a títulos nacionais, com uma forte concentração na região Sudeste. Com efeito, nela foram obtidos quase 70% dos títulos nacionais, o que se traduz, ainda, em quase metade do total de títulos examinados. Entre os títulos obtidos no exterior, é interessante observar a distribuição bastante próxima entre América do Norte e Europa, com um surpreendente destaque para a França e a impressionante ausência de Portugal.

Tabela 4 | Local de titulação máxima

Local			Quantidade	
Exterior	América do Norte	EUA	24	76
		Canadá	6	
	Europa	Alemanha	9	
		Bélgica	1	
		Espanha	10	
		França	14	
		Itália	2	
		Reino Unido	7	
		Rússia	1	
	Ásia	Israel	1	
	América Latina	México	1	
Brasil	Norte		1	185
	Nordeste		20	
	Centro-Oeste		6	
	Sudeste		126	
	Sul		32	
Total			261	

Quanto à natureza administrativa das instituições de formação no Brasil, a tabela 5 indica que há uma forte concentração nas instituições públicas federais e estaduais, com a participação do universo privado ficando restrita a aproximadamente 15% dos títulos examinados. Isso parece indicar que a forte expansão privada havida nos últimos anos no ensino superior ainda não atingiu a pós-graduação.

Tabela 5 | Natureza administrativa da instituição de titulação máxima no Brasil

Natureza administrativa		Quantidade
Pública	Federal	74
	Estadual	84
	Municipal	-
Privada		27
Total		185

A tabela 6, cujo conteúdo versa sobre o ano de titulação máxima, indica um importante crescimento ao longo das quatro últimas décadas. Assim, não surpreende que mais da metade dos currículos examinados indique que a titulação máxima foi obtida na primeira década deste século, ou seja, nos últimos 10 anos. Nesse período, com exceção de 2001, todos os anos registram mais de uma dezena de títulos obtidos, ao passo que, na década precedente, esse mesmo índice só foi superior à dezena em duas ocasiões (1997 e 1999). Em suma, trata-se de uma titulação jovem, que parece justamente incorporar "outra" maneira de pesquisar em direito.

Tabela 6 | Ano de titulação máxima

Década	Ano	Quantidade	
1970	1972	2	4
	1978	1	
	1979	1	
1980	1981	1	22
	1982	1	
	1984	3	
	1985	1	
	1986	4	
	1987	4	
	1988	2	
	1989	2	
	1990	4	

▼

Década	Ano	Quantidade	
1990	1991	2	66
	1992	5	
	1993	5	
	1994	6	
	1995	7	
	1996	4	
	1997	11	
	1998	7	
	1999	11	
2000	2000	8	168
	2001	8	
	2002	19	
	2003	25	
	2004	14	
	2005	17	
	2006	22	
	2007	15	
	2008	14	
	2009	23	
	2010	11	
2010	2011	1	1
Total		261	

E para onde vão estas pessoas? Qual é seu espaço de inserção profissional? É o que a tabela 7 procura sistematizar utilizando quatro possibilidades de vinculação: (a) instituição de ensino superior ou centros de pesquisa (como indicador de inserção no meio acadêmico), (b) administração pública (órgãos estatais), (c) terceiro setor (onde a produção científica pode ser utilizada como instrumento de *advocacy*), e (d) setor privado. Naturalmente, uma quinta possibilidade residia na ausência de qualquer vinculação (ou seja, desempregado). O resultado está sistematizado na tabela 7.

Tabela 7 | Instituição de vinculação

Vinculação	Quantidade
Academia	199
Administração pública	2
Terceiro setor	2
Setor privado	-

Vinculação	Quantidade
Academia e administração pública	10
Academia e terceiro setor	15
Academia e setor privado	12
Administração pública e terceiro setor	1
Administração pública e setor privado	-
Terceiro setor e setor privado	1
Academia, administração pública e terceiro setor	1
Academia, administração pública e setor privado	-
Academia, terceiro setor e setor privado	-
Sem vinculação (desempregado) ou não informado	18
Total	261

O exame do *corpus* selecionado indica que o pesquisador "tipo" cuja produção tem por tônica uma perspectiva empírica em direito apresenta uma titulação recente de doutor em direito ou sociologia, obtida preferencialmente na região Sudeste do Brasil, além de possuir efetiva inserção acadêmica em instituições de ensino superior. Entretanto, sua integração no sistema de fomento do CNPq na qualidade de pesquisador é ainda incipiente, uma vez que, conforme expresso na tabela 8, apenas um quinto dos currículos apresenta essa inserção, e destes mais da metade (56,4%) encontra-se no nível inicial do sistema, ou seja, na qualidade de pesquisador 2.

Tabela 8 | Pesquisadores CNPq

Pesquisador	Quantidade
2	31
1 D	6
1 C	4
1 B	10
1 A	4
Sem inserção	206
Total	261

Este pesquisador "tipo" encontra-se, sem dúvida, refletido na *boutade* proferida pelo professor Diogo Coutinho durante o I Encontro de Pesquisa Empírica em Direito, realizado em Ribeirão Preto, em outubro de 2011, quando ele dizia que, "no direito, não temos tradição de ser pesquisadores, (já que) a pesquisa é encarada como um papel dos sociólogos (e) o pesquisador é encarado como um jurista que não deu certo". Nesse sentido, aliás, uma interessante pista de investigação consistiria em articular a construção de uma carreira exclusivamente docente — algo bastante recente e ainda muito raro na área do direito — e o uso de estratégias metodológicas empíricas. Em outras palavras, o recurso às estratégias metodológicas empíricas seria uma característica específica dos professores de direito que optaram de forma exclusiva pela carreira docente? Essa é uma hipótese que os dados coletados não permitem, contudo, responder.

Mas, afinal, o que produzem os pesquisadores mapeados? Para responder a tal questão, fez-se um recorte na base de dados oriunda da plataforma Lattes utilizando-se como referência a produção bibliográfica dos autores mapeados entre 2006 e 2010 (para ficar consentânea com a base de dados posteriormente construída a partir do Conpedi). Ao separarem-se apenas os artigos publicados em periódicos, o resultado revelou a existência de 467 entradas. Esses artigos foram procurados, sem que todos fossem efetivamente localizados. Entre os localizados, a leitura possibilitou eliminar os textos que não se enquadrassem em uma perspectiva empírica. Assim, excluídos os não localizados e os não empíricos, a base foi reduzida para 311 artigos (66,6% dos 467 originais) e 104 autores (39,8% dos 261 inicialmente recenseados). Conquanto este recorte tenha oferecido uma perspectiva geral do campo, ainda assim revelou-se necessário realizar outro recorte, pois muitos destes autores produziram em periódicos com classificação baixa, ou mesmo não classificados, no sistema Webqualis da Capes, organizado pelo comitê da área de direito e dividido em sete estratos decrescentes: A1 (o mais alto), seguido de A2, B1, B2, B3, B4, B5 e C. Foram excluídos os artigos classificados no estrato mais baixo (C), o que proporcionou um resultado de 115 artigos escritos por 55 autores, ou seja, apenas 24,6% dos artigos e 21,1% dos autores que se declararam empiristas tinham publicações em periódicos que são classificados com alguma relevância na área jurídica. Em outras palavras, mais de três quartos dos artigos e metade dos autores remanescentes do primeiro corte foram eliminados. Os dados extraídos desse universo foram, então, codificados a partir das variáveis indicadas na tabela 9.

Tabela 9 | Codificação das variáveis na plataforma Lattes

Item		Variáveis
Autoria		Titulação
Qualificação do periódico		Webqualis
Origem dos dados	Primária	Quando os próprios autores coletaram e sistematizaram os dados
	Secundária	Quando os autores analisaram dados coletados por outras pessoas
	Mista	Quando os dados apresentam as duas origens
Tipo de abordagem	Quantitativa	Quando o debate girava em torno de dados mensurados e objetivos
	Qualitativa	Quando a análise se utilizava de dados subjetivos e não mensuráveis, como os obtidos por meio de entrevistas semiestruturadas e observação participante
	Mista	Quando as abordagens encontram-se combinadas
Uso de jurisprudência		Sim
		Não
Objeto estudado		Análise do conteúdo

Qual é a titulação dos autores? A tabela 10, que sistematiza os autores que resistiram a todos os recortes, indica uma distribuição concentrada na titulação de doutor:

Tabela 10 | Grau de titulação máxima dos autores

Titulação	Quantidade
Doutor	53
Mestre	1
Especialista	1
Bacharel	-
Total	55

Com efeito, menos de 4% dos autores não são doutores! Mais à frente, iremos cruzar a titulação com a qualificação do artigo (estrato no Webqualis) para saber mais sobre a produção desses autores. Por ora, efetuamos a análise da qualificação desta produção examinando em quais estratos do Webqualis ela se encontra distribuída. Conforme evidenciado pela tabela 11, foi possível verificar que ocorre uma forte concentração nos estratos mais baixos.

Tabela 11 | Estratos das publicações no Webqualis

Estrato	Quantidade
A1	7
A2	18
B1	23
B2	29
B3	3
B4	20
B5	15
C	196
Total	311

Essa concentração fica ainda mais clara no gráfico 1:

Gráfico 1 | Estratos das publicações no Webqualis

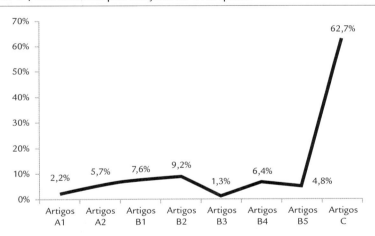

Conforme antes sugerido, é possível agora cruzar a titulação com a qualificação do periódico da publicação. O resultado encontra-se na tabela 12:

Tabela 12 | Grau de titulação máxima e estrato de publicação

Titulação	Qualis								Total
	A1	A2	B1	B2	B3	B4	B5	C	
Doutor	7	18	22	28	3	20	15	179	292
Mestre	-	-	-	1	-	-	-	16	17
Especialista	-	-	1	-	-	-	-	1	02
Total	7	18	23	29	3	20	15	196	311

Os dados indicam que há uma forte concentração nos estratos mais baixos da qualificação estabelecida pela Capes, até mesmo para os doutores. Com efeito, 61,3% de todos os artigos produzidos por doutores estão no estrato C. Quando se acrescenta o estrato B5, o percentual amplia-se para 66,4%. Ou seja, dois terços da produção realizada por doutores são socializados em periódicos de baixa qualificação. Por sua vez, apenas 8,6% da produção doutoral é publicada nos estratos mais altos (A1 e A2).

Vale destacar que, consoante os critérios adotados pela área de direito (Capes, 2009), para ser classificado como A1 é necessário: (a) ser publicado por instituição de ensino superior (IES) com programa de pós-graduação *stricto sensu*; (b) ter disponibilidade em um dos indexadores e/ou bases de dados do tipo ISI, Scopus ou Scielo; (c) publicar, ao menos, 18 artigos por volume ao ano; (d) ter, no mínimo, 75% de exogenia (autores de outras IES que não a responsável pelo periódico), com mínimo de cinco IES diferentes; (e) publicar, ao menos, 15% de artigos com autores ou coautores filiados a IES estrangeiras por volume. Os artigos publicados em periódicos no estrato C não possuem peso nas avaliações da produção dos programas de pós-graduação em direito. Como os periódicos neste estrato são definidos por exclusão, isto é, por não preencherem os critérios dos demais estratos; torna-se ilustrativa a identificação dos critérios para inclusão no estrato B5 (o mais baixo da classificação com validade): (a) ser publicado por IES com programa de pós-graduação *stricto sensu*, tendo endogenia (menos de 20% de exogenia, autores de fora da IES). Ou seja, os periódicos classificados no estrato C são de IES sem programas de pós-graduação *stricto sensu*, com profunda endogenia (os autores são da própria IES), e possuem menos de 18 artigos por volume ao ano.

Com a exclusão dos artigos classificados no estrato C do Webqualis, foi possível proceder a uma análise mais apurada sobre seus elementos, os dados e as ferramentas utilizadas. Quanto à origem dos dados, distinguiu-se entre dados primários e secundários, conforme pode se ver na tabela 13.

Tabela 13 | Origem dos dados

Origem	Quantidade
Primária	74
Secundária	32
Mista	9
Total	115

Os dados indicam ser maior a incidência de dados primários, coletados pelos próprios autores, do que secundários, sendo bem baixa a ocorrência simultânea de ambas as origens. Em seguida, esses dados foram cruzados com o tipo de abordagem para saber se há uma relação entre os instrumentos e a origem dos dados, e se há uma "preferência" neste tipo de pesquisa no campo do direito. Assim, o próximo passo consiste em identificar a abordagem utilizada: quantitativa (quando os autores utilizaram dados objetivos e mensuráveis, articulando para isso estatísticas e questionários fechados) ou qualitativa (quando os autores utilizaram dados subjetivos e não mensuráveis, como os obtidos por observação participante, grupos focais e entrevistas semiestruturadas), ou ainda se houve a incidência de ambas as abordagens de forma simultânea. Estes dados encontram-se na tabela 14.

Tabela 14 | Tipos de abordagem

Abordagem	Quantidade
Quantitativa	49
Qualitativa	39
Mista	27
Total	115

Eles indicam que há uma distribuição relativamente homogênea, com leve concentração na abordagem quantitativa. A utilização de ferramentas próprias de uma pesquisa empírica qualitativa, que possibilitaria capturar as dimensões mais subjetivas do objeto, e o uso misto de abordagens são estratégias menos utilizadas no campo, que parece ter uma maior afinidade com a utilização de métodos estatísticos. Conforme antecipado, é agora possível cruzar a origem dos dados com o tipo de abordagem (tabela 15).

Tabela 15 | Origens dos dados e tipos de abordagem

Origem dos dados	Abordagem			Total
	Quantitativa	Qualitativa	Mista	
Primária	25	35	14	74
Secundária	23	4	5	32
Mista	1	-	8	9
Total	49	39	27	115

Quando se tratava de pesquisa quantitativa, em pouco mais da metade das incidências (51%), eram os próprios autores que estavam produzindo os dados e, em apenas 2% dos casos, os autores se utilizavam simultaneamente dados primários e secundários. O quadro é bastante diverso no âmbito da pesquisa qualitativa, já que nela os dados são essencialmente primários. Com efeito, nessa hipótese, 89,7% dos artigos produziram os dados utilizados, ao passo que apenas 10,3% se utilizaram de dados produzidos por outrem. Por fim, quando houve pesquisa de abordagem mista (quantitativa e qualitativa), foi mais comum a produção original de dados (51,9%) que o contrário (18,5%); conquanto fosse esperado que a utilização de dados de origem mista nestes casos de abordagem mista fosse maior, a proporção ficou em menos de um terço: 29,6%.

Considerando que o uso de jurisprudência como fonte de pesquisa é tradicional na área jurídica, distinguiu-se entre "pesquisa jurisprudencial" e "pesquisa não jurisprudencial", compreendidas, respectivamente, como aquela que utiliza e está calcada em uma análise sistemática de decisões judiciais e aquela que delas não faz ou faz uso muito marginal, apenas ilustrativo e não sistemático. Os resultados encontram-se na tabela 16.

Tabela 16 | Uso de jurisprudência

Tipo	Quantidade
Pesquisa jurisprudencial	8
Pesquisa não jurisprudencial	107
Total	115

Os dados indicam que a incidência da pesquisa jurisprudencial é bem baixa, o que merece uma análise mais cuidadosa, com exame da origem dos dados (quem coleta) e do tipo de abordagem empregada. Isso é possível cruzando essas colunas da base de dados, conforme indicado na tabela 17.

Tabela 17 | Origem dos dados na pesquisa jurisprudencial

Origem	Quantidade
Primária	8
Secundária	-
Mista	-
Total	8

Verifica-se que, em todos os casos de pesquisa jurisprudencial, os dados foram coletados pelos próprios autores, o que não se repete quando a análise é focada sobre o tipo de abordagem, conforme evidencia a tabela 18.

Tabela 18 | Tipos de abordagem na pesquisa jurisprudencial

Abordagem	Quantidade
Quantitativa	2
Qualitativa	3
Mista	3
Total	8

Esperava-se um predomínio da abordagem quantitativa semelhante àquele observado em relação ao caráter primário dos dados. A pesquisa jurídica tradicional (ou seja, bibliográfica, que não dialoga com dados sobre o objeto, mas com ideias sobre o objeto) se utiliza bastante de jurisprudência, mas, pelo visto, de forma não sistemática. Isso aproxima esse outro tipo de pesquisa da atividade advocatícia, quando se tem como objetivo defender uma tese e a jurisprudência é incorporada como argumento de autoridade, pinçando-se apenas as decisões que favoreçam as posições sustentadas. A baixa incidência de pesquisa empírica jurisprudencial pode ser entendida como um paradoxo entre a falta de tempo para o desenvolvimento de um levantamento pautado por critérios científicos e o intenso contato com a prática judicial própria do pesquisador do direito, que também é, em grande parte das vezes, o operador do direito. Essa superposição de posições gera (quase sempre) uma colonização da gramática acadêmica pela lógica praxista de defesa de posições (Nobre, 2004), o que pode ser entendido, por um lado, como decorrência da dificuldade de o pesquisador em direito dedicar-se exclusivamente à pesquisa e, por outro lado, pela escolha de objetos demasiadamente extensos (Oliveira, 2010). Estas circunstâncias acabam por incitar uma escolha metodológica muito limitada, que deixa de lado as ferramentas empíricas e abandona a jurisprudência como dado.

Por derradeiro, utilizou-se a base de dados para examinar os objetos mais comuns neste tipo de análise, o que resultou em um quadro heterogêneo de 20 objetos diferentes, conforme indicado na tabela 19.

Tabela 19 | Objeto de pesquisa

Objeto	Quantidade
Saúde pública	21
Cidadania	18
Violência	13
Direitos humanos	12
Teoria da decisão	6
Administração pública	6
Economia	6
Poder Judiciário	5
Eleições	5
Relações de trabalho	4
Acesso à Justiça	4
Democracia	4
Política	2
Direito e economia	2
Meios alternativos de resolução de conflitos	2
Direito constitucional	1
Direito do trabalho	1

▼

Objeto	Quantidade
Ensino jurídico	1
Terceiro setor	1
Tributação	1
Total	115

Quatro objetos profundamente interdisciplinares — saúde pública (18,3%), cidadania (15,7%), violência (11,3%) e direitos humanos (10,4%) — são responsáveis por mais da metade das incidências. Isto parece indicar que quem pesquisa no campo do direito servindo-se de ferramentas empíricas dialoga com outros saberes e provavelmente tem uma formação mais eclética, não apenas focada no direito, mas também na sociologia, na antropologia e na ciência política, por exemplo. Por outro lado, os temas mais próprios do direito tiveram baixa incidência, o que indica ser rara qualquer tentativa de aproximação entre pesquisa empírica e dogmática, tipo de pesquisa em que o objeto seria a norma. Assim seria, pois as análises sobre a norma jurídica não necessitariam de um exame de contexto, ou seja, elas poderiam, nesta concepção, ser realizadas sem qualquer interface com o mundo real; elas proporcionam o recenseamento de suas muitas possibilidades de aplicação, mas ignoram os reais efeitos dessa aplicação.

Em seguida, os dados relacionados com os objetos foram cruzados com os demais indicadores obtidos. A tabela 20, cuja unidade de análise é o artigo (e não o autor), examina a distribuição de objetos em face da titulação e, além de reafirmar que a pesquisa empírica em direito é quase exclusivamente realizada por doutores, indica que os únicos trabalhos efetuados por um mestre e um especialista trataram, respectivamente, dos temas: teoria da decisão e direitos humanos.

Tabela 20 | Objeto de pesquisa distribuído por titulação

Objeto	Titulação		
	Doutor	Mestre	Especialista
Saúde pública	21	-	-
Cidadania	18	-	-
Violência	13	-	-
Teoria da decisão	5	1	-

Objeto	Titulação		
	Doutor	Mestre	Especialista
Administração pública	6	-	-
Economia	6	-	-
Poder Judiciário	5	-	-
Eleições	5	-	-
Relações de trabalho	4	-	-
Acesso à Justiça	4	-	-
Democracia	4	-	-
Política	2	-	-
Direito e economia	2	-	-
Meios alternativos de resolução de conflitos	2	-	-
Direito constitucional	1	-	-
Direito do trabalho	1	-	-
Ensino jurídico	1	-	-
Terceiro setor	1	-	-
Tributação	1	-	-
Total	113	1	1

O cruzamento desses dados com o sistema de qualificação de publicações da Capes, o Webqualis, encontra-se na tabela 21. Nela, pode-se observar que alguns temas, apesar de apresentarem baixa ocorrência, quando aparecem, isso ocorre em periódicos bem classificados. Este é o caso de economia (6 marcações, 2 em periódicos A1), eleições (5 ocorrências, 2 em A1), relações de trabalho (4 ocorrências, 2 em A1) e política (2 ocorrências, 1 em A1). Isso pode ser compreendido olhando-se para o próprio Webqualis: a única revista na área classificada como A1 publicada no Brasil é a revista *Dados*, originalmente do campo da sociologia e da ciência política.

Os objetos mais comuns apareceram em estratos bem variados: saúde pública, que possui o maior número de entradas, teve a maior parte dos artigos publicados em revista A2 (42,9%); já metade dos artigos que tratavam de cidadania foi publicada em periódicos B2; a maior parte dos artigos que versavam sobre violência foi publicada em periódicos B1; e um quarto dos artigos sobre direitos humanos foi publicado em revistas A2, enquanto outro quarto foi encontrado em revistas B4. Na verdade, isso parece indicar que essa produção é encaminhada para um nicho específico de periódicos.

Tabela 21 | Objeto de pesquisa distribuído pelo Webqualis

Objeto	A1	A2	B1	B2	B3	B4	B5	Total
Saúde pública	-	9	5	3	-	3	1	21
Cidadania	-	-	1	9	1	3	4	18
Violência	-	1	8	3	-	1	-	13
Direitos humanos	-	3	2	4	-	3	-	12
Teoria da decisão	-	-	1	1	-	1	3	6
Administração pública	-	4	-	1	-	1	-	6
Economia	2	-	1	-	-	3	-	6
Poder Judiciário	-	-	1	-	1	-	3	5
Eleições	2	1	2	-	-	-	-	5
Relações de trabalho	2	-	-	-	-	1	1	4
Acesso à Justiça	-	-	1	2	-	-	1	4
Democracia	-	-	-	3	-	1	-	4
Política	1	-	-	-	-	1	-	2
Direito e economia	-	-	-	-	-	1	1	2
Meios alternativos de resolução de conflitos	-	-	1	1	-	-	-	2
Direito constitucional	-	-	-	-	-	-	1	1
Direito do trabalho	-	-	-	1	-	-	-	1
Ensino jurídico	-	-	-	1	-	-	-	1
Terceiro setor	-	-	-	-	1	-	-	1
Tributação	-	-	-	-	-	1	-	1
Total	7	18	23	29	3	20	15	115

Na tabela 22 faz-se o cruzamento dos objetos com a origem dos dados, constatando-se que há uma concentração na origem primária. Por sua vez, as maiores incidências de dados secundários foram encontradas nos seguintes objetos: administração pública (50%), economia (66,7%), eleições (80%), relações de trabalho (75%) e política (50%).

Tabela 22 | Objeto de pesquisa distribuído por origem dos dados

Objeto	Primária	Secundária	Mista	Total
Saúde pública	18	1	2	21
Cidadania	12	4	2	18
Violência	7	6	-	13
Direitos humanos	8	4	-	12
Teoria da decisão	6	-	-	6

▼

Objeto	Origem Primária	Origem Secundária	Origem Mista	Total
Administração pública	2	3	1	6
Economia	-	4	2	6
Poder Judiciário	5	-	-	5
Eleições	1	4	-	5
Relações de trabalho	1	3	-	4
Acesso à Justiça	3	1	-	4
Democracia	4	-	-	4
Política	-	1	1	2
Direito e economia	2	-	-	2
Meios alternativos de resolução de conflitos	2	-	-	2
Direito constitucional	1	-	-	1
Direito do trabalho	1	-	-	1
Ensino jurídico	1	-	-	1
Terceiro setor	-	-	1	1
Tributação	-	1	-	1
Total	74	32	9	115

Na tabela 23 é efetuado o cruzamento dos objetos com os tipos de abordagem, constatando-se que a perspectiva quantitativa é usualmente utilizada para os seguintes objetos: saúde pública (57,1%), violência (84,6%), economia (83,3%) e relações de trabalho (75%); por outro lado, podemos notar uma aproximação pela via da pesquisa qualitativa nos seguintes objetos: cidadania (50%), direitos humanos (41,7%), teoria da decisão (50%) e administração pública (50%). Alguns objetos tiveram todos os artigos abordados pela via qualitativa: democracia, meios alternativos de resolução de conflitos, direito do trabalho, ensino jurídico e terceiro setor. A abordagem mista foi prevalente apenas nos seguintes casos: Poder Judiciário (80%) e acesso à Justiça (75%).

Tabela 23 | Objeto de pesquisa distribuído por tipo de abordagem

Objeto	Quantitativa	Qualitativa	Mista	Total
Saúde pública	12	6	3	21
Cidadania	3	9	6	18
Violência	11	2	-	13
Direitos humanos	4	5	3	12
Teoria da decisão	2	3	1	6

Objeto	Tipo de abordagem			Total
	Quantitativa	Qualitativa	Mista	
Administração pública	2	3	1	6
Economia	5	-	1	6
Poder Judiciário	1	-	4	5
Eleições	2	1	2	5
Relações de trabalho	3	-	1	4
Acesso à Justiça	-	1	3	4
Democracia	-	4	-	4
Política	1	-	1	2
Direito e economia	2	-	-	2
Meios alternativos de resolução de conflitos	-	2	-	2
Direito constitucional	-	1	-	1
Direito do trabalho	-	1	-	1
Ensino jurídico	-	1	-	1
Terceiro setor	-	-	1	1
Tributação	1	-	-	1
Total	49	39	27	115

Por último, foi realizado o cruzamento entre os objetos e a incidência de pesquisa jurisprudencial, cujo resultado encontra-se na tabela 24.

Tabela 24 | Objeto em pesquisas jurisprudenciais

Objeto	Quantidade
Acesso à Justiça	2
Direito e economia	1
Teoria da decisão	5
Total	8

Em apenas três objetos verificou-se a utilização de dados sobre decisões judiciais: estudos sobre teoria da decisão (como tentativa de entender a lógica decisória, especialmente de órgãos jurisdicionais colegiados), acesso à Justiça (especialmente sobre a efetividade dos Juizados Especiais e a velocidade dos processos nessas cortes) e sobre as relações entre direito e economia (em uma clara incorporação do debate norte-americano sobre Law and Economics).

Resumindo, os dados extraídos dos currículos na plataforma Lattes desenham o seguinte quadro para a pesquisa empírica em direito: entre os autores, há mais doutores (79,3%) que mestres (16,9%); estão mais nas ciências sociais aplicadas (47,9%), onde estão os cursos de direito, economia e serviço social, por exemplo, e nas ciências humanas (34,9%), onde estão os cursos de antropologia, ciência política, história e sociologia, entre outros; quase um terço deles (29,1%) obteve sua titulação máxima no exterior e, no país, formaram-se bem mais na região Sudeste (70% entre os titulados no país, 52% do total); no exterior, formaram-se mais na Europa (57,9%) que na América do Norte (39,5%) e nos demais países; no Brasil, formaram-se mais em instituições públicas (estaduais mais que federais — 45,4% contra 40% do total); essa titulação foi obtida principalmente no início do século XXI, ou seja, essa é uma produção relativamente experiente (dada a prevalência de doutores), porém jovem (mais da metade com menos de 10 anos de titulação); a maior parte (76,3%) trabalha apenas com o ensino universitário, não estando vinculada nem à administração pública nem à iniciativa privada, diferentemente de diagnósticos referentes ao campo jurídico acadêmico no Brasil (Engelmann, 2006; Oliveira, 2010); não possuem inserção (78,9%) no sistema de fomento do CNPq ou essa inserção se dá pelo nível mais baixo da escala (pesquisador 2, 11,9%). Em outras palavras, nossos autores são doutores, jovens, titulados principalmente no exterior ou na região Sudeste do país, vinculados principalmente à academia, e com ainda pouca inserção no campo acadêmico.

Quanto à produção, são bem mais comuns os doutores (96,4%) e, conforme indicado na tabela 12, as publicações desses pesquisadores estão concentradas nos estratos mais baixos do sistema de qualificação da Capes (61,3% no estrato C; 30,1% entre B1 e B5; e apenas 8,6% nos estratos A1 e A2); a maior parte se utiliza de dados primários, ou seja, coleta as próprias evidências empíricas (64,3%); e prefere a pesquisa quantitativa (45%) à qualitativa (35,8%); utiliza muito pouco as decisões judiciais (7%); e produz, principalmente, sobre temas como saúde pública, violência, cidadania e direitos humanos.

Os anais do Conpedi

A base de dados relativa ao Conpedi foi constituída em duas etapas: na primeira, realizada em junho de 2011, foram abertos e lidos todos os artigos apresentados nos encontros entre 2006 e 2008 (6 encontros, sendo 2 por ano), totalizando 1.534 artigos. Em seguida, foram separados os artigos em que se localizou como método algum tipo de tratamento sistemático de dados. Esta etapa, por sua vez, sofreu ainda uma segunda filtragem, com a releitura dos artigos para a conferência da presença de uma preocupação com o tratamento dos dados de forma sistemática. Inicialmente, nesta etapa, haviam sido localizados 145 artigos que poderiam ser classificados como empíricos pelo uso sistemático de dados (9,4% do total); na filtragem, este número caiu para 100 artigos, o que equivale a 6,5% do total (média de 16,7 por encontro).

A segunda etapa, realizada entre setembro e outubro de 2011, após o II Seminário de Estudos Empíricos da FGV Direito Rio, atualizou a base de dados incluindo os encontros havidos em 2009 e 2010 (quatro encontros). Como o número de artigos apresentados nos encontros do Conpedi vem crescendo a cada nova edição, para essa atualização, foi necessária uma metodologia um pouco diferente para o enquadramento desses artigos como empíricos. Foram utilizadas como filtros de busca "palavras estandartes" (Labbé, 1990:17) cuja presença sinalizasse a utilização de técnicas que incluíssem a coleta de dados (quantitativos ou qualitativos). Dessa forma, foram utilizadas as seguintes expressões: "pesquisa", "empírico", "empírica", "dados", "observação", "investigação", "questionário", "entrevista", "quantitativo", "qualitativo", "estatística" e "estatístico". Essa aplicação de palavras-chave resultou em uma nova base de dados, que por sua vez foi novamente filtrada pela análise de cada artigo. Assim, chegou-se a um universo de 269 artigos classificados como empíricos (média de 26,9 por encontro), conforme a tabela 25:

Tabela 25 | Artigos empíricos por encontro

Local	Data	Quantidade
Recife (PE)	Junho 2006	7
Manaus (AM)	Novembro 2006	23
Campos dos Goytacazes (RJ)	Junho 2007	10
Belo Horizonte (MG)	Novembro 2007	14
Salvador (BA)	Junho 2008	17
Brasília (DF)	Agosto 2008	29
Maringá (PR)	Julho 2009	22
São Paulo (SP)	Novembro 2009	77
Fortaleza (CE)	Junho 2010	31
Florianópolis (SC)	Outubro 2010	39
Total		269

A tabela 26 traz a proporção de artigos empíricos de acordo com o universo de artigos destes encontros:

Tabela 26 | Proporção de artigos empíricos em relação ao total de artigos

Local	Proporção
Recife (PE)	8,9%
Manaus (AM)	9,3%
Campos dos Goytacazes (RJ)	6,8%
Belo Horizonte (MG)	3,6%
Salvador (BA)	5,7%
Brasília (DF)	7,2%
Maringá (PR)	5,8%
São Paulo (SP)	14,3%
Fortaleza (CE)	4,7%
Florianópolis (SC)	4,9%
Média	7,6%

Conquanto em termos absolutos, nos últimos três encontros, haja um número maior de artigos empíricos (tabela 25), sua presença em relação ao número total de artigos só foi expressiva no primeiro encontro de 2009 (tabela 26). Isso pode significar que esse tipo de produção cresce bastante na série histórica, tornando-se cada vez mais comum a localização de pesquisas dessa natureza, mas não no mesmo ritmo que o Conpedi. Já o gráfico 2 mostra a trajetória dessa proporção ao longo dos encontros:

Gráfico 2 | Trajetória da proporção de trabalhos empíricos nos encontros

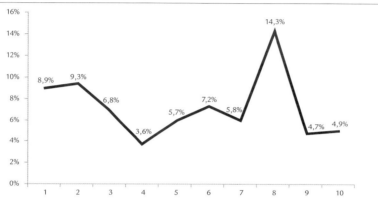

Nos 10 encontros analisados, há uma trajetória irregular de trabalhos empíricos, oscilando entre 3,6% (Belo Horizonte, novembro de 2007) e 14,3% (São Paulo, novembro de 2009). A média foi de 26,9 artigos empíricos por encontro, maior que a média na base preliminar, entre 2006 e 2008 (que foi de 16,7).

O exercício seguinte consistiu em mapear quem faz pesquisa empírica e a expõe nesse tipo de espaço acadêmico. A tabela 27 traz a totalidade de autores localizados nesses eventos segundo sua titulação mais alta completa.

Tabela 27 | Grau de titulação máxima

Titulação	Quantidade
Doutor	110
Mestre	145
Especialista	28
Bacharel	29
Ensino médio	9
Não encontrados	16
Total	337

Para realizar essa tarefa, localizaram-se os currículos de autores e coautores na plataforma Lattes, que não traz qualquer registro para 16 autores (4,7%). Isso pode representar uma proporção, mesmo que baixa, de autores integrados de forma insuficiente no campo científico, pois a plataforma Lattes deve ser tida como o principal espaço de referência da produção acadêmica nacional. Também é possível notar uma concentração da titulação entre mestres (43%) e doutores (32,6%), o que reforça a percepção do Conpedi como o principal espaço de circulação acadêmica no direito, ainda que seja uma circulação majoritariamente de pesquisadores em formação. Somados, mestres e doutores totalizam 75,7% dos autores, restando 24,3% de autores que não ingressaram (ou não concluíram) na pós-graduação *stricto sensu*. Vale lembrar que o processo formativo em curso foi excluído, pois, para eliminar possíveis distorções provenientes de processos iniciados, mas não terminados, apenas se considerou a mais alta titulação obtida, eliminando-se os "andos" (mestrando, doutorando, bacharelando). Assim, os três autores classificados como "Ensino Médio", por exemplo, corresponderiam a graduandos.

O Conpedi se apresenta como um espaço de mestres e doutores (ao menos no que diz respeito à pesquisa empírica), ainda que, diferentemente de muitos outros eventos científicos de outros campos de conhecimento (como a antropologia, a sociologia e a ciência política), aceite também trabalhos de graduados e pessoas apenas com o segundo grau completo. Essa distribuição pode indicar também que a pesquisa empírica aparece menos na lógica orientador-orientando e mais na lógica de produção solitária: quem a aplica já está inserido na academia, isto é, o universo de autores que se utiliza de técnicas de coleta de dados é composto menos por iniciantes e mais por pesquisadores mais experientes.

Em seguida, buscou-se aferir a origem dos dados e as técnicas aplicadas. Para isso, os artigos foram lidos e categorizados, primeiro segundo a origem dos dados (primária, se o próprio autor coletou e sistematizou os dados utilizados; secundária, se os dados utilizados foram coletados por outra pessoa e apenas aproveitados pelo autor); depois, de acordo com o tipo de abordagem (quantitativa, quando lidou com as dimensões objetivas e mensuráveis do objeto e foram aplicadas técnicas de pesquisa estatística, mesmo que de forma elementar; qualitativa, quando lidou com as dimensões subjetivas e não mensuráveis do objeto e foram aplicadas técnicas de pesquisa como entrevistas semiestruturadas e observação participante). Por fim, verificou-se ainda a utilização de jurisprudência, entendida aqui como decisões judiciais, como elemento empírico para saber se essas decisões, tão comuns em peças processuais para defender uma posição e tão representativas do que ocorre nos tribunais, compunham fonte de investigação para estes pesquisadores.

A tabela 28 ilustra a origem dos dados nestas pesquisas:

Tabela 28 | Origem dos dados

Origem	Quantidade
Primário	65
Secundário	193
Mista	11
Total	269

Esses dados mostram ser muito mais comum (71,7%) que esses pesquisadores busquem como fonte de dados outros autores do que construam os dados eles mesmos. Até aqui, temos uma incidência baixa de pesquisas empíricas em direito (7,6%), produzida principalmente por mestres e doutores (75,9%), mas que não costumam produzir os dados, e sim aproveitar o que é coletado por outros. A incidência de aplicação de dados de origem mista também é baixa (4,1%), ou seja, verifica-se uma preferência desses pesquisadores por um tipo ou outro de coleta de dados, raramente combinadas.

Examinando a origem dos dados utilizados por esses pesquisadores, podemos verificar que técnicas são utilizadas, se dedicadas a capturar as dimensões objetivas da realidade por meio da mensuração de dados estatísticos, o que permite classificar estas pesquisas como empíricas quantitativas; ou se a proposta é capturar as dimensões subjetivas do objeto, para isso servindo-se de técnicas da pesquisa empírica qualitativa, como entrevista semiestruturada e observação participante — bem como avaliar a incidência dos dois tipos de abordagem. A tabela 29 ilustra essas preferências:

Tabela 29 | Tipos de abordagem

Abordagem	Quantidade
Quantitativa	163
Qualitativa	56
Mista	50
Total	269

O cenário é de preponderância da abordagem quantitativa; a incidência da pesquisa qualitativa foi baixa e quase tão comum quanto a pesquisa que utilizou abordagens combinadas. Mais à frente, poderemos cruzar os trabalhos que aplicaram essas abordagens com a utilização de jurisprudência para saber se essa preponderância corresponde ao uso de decisões judiciais. Por enquanto, podemos observar que é mais comum encontrar trabalhos que lidem com estatísticas, com dados mensuráveis que com as subjetividades envolvidas nas instituições e personagens próprias do direito.

É de se esperar que pesquisadores no campo do direito falem sobre elementos que se encontram em seu dia a dia; da mesma maneira, é de se esperar que eles se utilizem, para isso, de dados com os quais convivam. Se for verdade que no Brasil não há distinção entre o pesquisador e o operador do direito (como apontam Nobre, 2004 e Engelmanm, 2006), ou se, ao menos, essa distinção não é intensa, seria bastante razoável imaginar que os pesquisadores utilizarão elementos como as decisões judiciais, tão próprias da prática jurídica. Assim, mapeou-se a incidência de decisões judiciais nas pesquisas empíricas localizadas, obtendo-se o resultado expresso na tabela 30:

Tabela 30 | Uso de jurisprudência na pesquisa empírica

Uso de jurisprudência	Quantidade
Sim	20
Não	249
Total	269

Essa tabela mostra uma baixíssima utilização das decisões judiciais como fonte de investigação empírica. Ou seja, há um subaproveitamento desses elementos na pesquisa dessa natureza. Mais à frente, teremos também o cruzamento desse dado com os objetos pesquisados, para saber como essas decisões são articuladas. É, entretanto, interessante perceber que se, por um lado, é muito comum o uso genérico e pouco sistemático de decisões judiciais em trabalhos de cunho bibliográfico, por outro lado, quando se busca saber se há incidência semelhante em trabalhos empíricos, o índice é bem baixo.

A última contagem bruta (sem cruzar os dados) procurou localizar os objetos de pesquisa, ou seja, verificar sobre o que esses pesquisadores escrevem, para que eles articulam dados empíricos. A tabela 31 mostra esse cenário, organizado em ordem decrescente:

Tabela 31 | Objetos de pesquisa encontrados nos artigos

Objeto	Quantidade
Cidadania	47
Direitos humanos	41
Violência	25
Meio ambiente	22
Ensino jurídico	17
Poder Judiciário	16
STF	14
Democracia	11
Acesso à Justiça	8
Direito e economia	7
Meios alternativos de resolução de conflitos	7
Relações internacionais	7
Educação	3
Teoria do direito	5
Direito do trabalho	3
Juizados especiais	3
Pesquisa jurídica	3
Regulação	3
Tributação	3
Agências reguladoras	2
Decisões judiciais	2
Defensoria Pública	2
Direito do consumidor	2
Direito dos animais	2
Ministério Público	2
CNJ	1
Concorrência	1

Objeto	Quantidade
Contratos	1
Cultura jurídica	1
Desenvolvimento social	1
Direito administrativo	1
Direito empresarial	1
Direitos de personalidade	1
Planejamento urbano	1
Previdência privada	1
Separação/divórcio	1
Terceiro setor	1
Total	269

Inicialmente, observa-se uma pulverização de objetos. De fato, foram, ao todo, 37, embora muitos com incidência bastante baixa: 12 com apenas uma utilização, seis com apenas duas e seis com três incidências. Temáticas abertas como cidadania (17,5%) e direitos humanos (15,2%) tiveram marcações relevantes, assim como violência (9,3%), meio ambiente (8,2%) e ensino jurídico (6,3%). Por sua vez, ainda que reunidos tenham somado quase um quarto (23,8%) das ocorrências, Poder Judiciário (5,9%), Supremo Tribunal Federal (5,2%), democracia (4,1%), acesso à Justiça (3,0%), direito e economia (3,0%) e meios alternativos de resolução de conflitos (2,6%), temas em que se esperava uma maior ocorrência de investigação empírica, seja por sua natureza (fornecem dados diversos, pois dialogam com dimensões muito concretas do universo jurídico), seja pela tradição (é muito comum, em outros campos do conhecimento, o uso de técnicas empíricas nesses temas), apresentaram individualmente uma baixa incidência. As instituições jurídicas também apareceram muito pouco: os já citados Poder Judiciário (5,9%) e STF (5,2%) são acompanhados por Juizados Especiais (1,1%), Defensoria Pública (0,7%), Ministério Público (0,7%) e CNJ (0,4%), perfazendo um total de 14%. Enfim, estes dados parecem indicar a existência de um paradoxal subaproveitamento da pesquisa empírica como um todo pelos próprios pesquisadores que optam por esse caminho, pois, curiosamente, são os temas mais abstratos que recebem mais atenções desse tipo de investigação.

O passo seguinte consistiu em cruzar essas tabelas para entender a relação entre algumas características desse tipo de produção e as opções escolhidas pelos autores desse campo. O primeiro cruzamento relacionou titulação e origem de dados, se primários ou secundários, conforme indicado na tabela 32, cuja unidade de análise foram os artigos (e não os autores). Nesse sentido, quando havia coautoria, computou-se tão somente a mais alta titulação encontrada entre os coautores.

Tabela 32 | Cruzamento entre titulação e origem dos dados

Titulação	Origem			Total
	Primário	Secundário	Mista	
Doutor	27	56	3	86
Mestre	28	88	7	123
Especialista	1	20	-	21
Bacharel	7	14	-	21
Ensino médio	-	1	-	1
NE	2	14	1	17
Total	65	193	11	269

Insista-se: assumindo como unidade de análise os artigos, e não mais os autores (o que leva ao descarte dos coautores nos cruzamentos), vemos uma concentração na produção entre mestres e doutores. Ao examinar a proporção de trabalhos que utilizaram dados primários por titulação, encontram-se mais mestres (43,1%) que doutores (41,5%); a proporção de bacharéis é baixa, porém relevante (10,8%). Por outro lado, a proporção se radicaliza quando verificamos os dados de origem secundária: há uma incidência muito maior de mestres (45,6%) que doutores (29%), com poucos bacharéis (7,2%) e uma presença baixa, mas relevante, de especialistas (10,4%). Por fim, em relação aos dados de origem mista, tem-se uma proporção ainda intensa: mais mestres (63,6%) que doutores (27,3%), sendo interessante observar que nenhum bacharel, especialista ou secundarista se aventurou por essa utilização combinada.

Pode-se aqui inferir a existência de uma preferência pelo uso de dados primários por doutores, mais experientes, enquanto os mestres se dedicam a utilizar dados secundários na maior parte das vezes. Isso pode ser verificado quando fechamos os dados relativos não mais nas colunas, mas nas linhas: os pesquisadores que possuíam somente o ensino médio completo fizeram apenas pesquisas com dados secundários; os bacharéis preferiram os dados secundários (65%), embora tenham utilizado também os de origem primária, mas bem menos (35%); os especialistas seguiram a tendência de se concentrar apenas nos dados secundários, com poucas exceções (mais exatamente, 4,8%); entre os mestres, há uma concentração significativa nos dados secundários (71,5%); e, em relação aos doutores, esse cenário é reforçado, com a maior parte se utilizando de dados secundários (65,1%). Embora os doutores também usem mais dados secundários, quando se verifica quem privilegia dados primários, há uma prevalência de doutores. Por sua vez, mestres utilizam os dois tipos de dados juntos mais vezes (5,7% contra 3,5% dos doutores).

Em seguida se verificaram as preferências do pesquisador em relação ao tipo de abordagem, segundo sua titulação. A tabela 33 ilustra esse cruzamento:

Tabela 33 | Cruzamento entre titulação e tipo de abordagem

Titulação	Quantitativa	Qualitativa	Mista	Total
Doutor	53	15	18	86
Mestre	69	31	23	123
Especialista	18	1	2	21
Bacharel	14	4	3	21
Ensino médio	-	-	1	1
NE	9	5	3	17
Total	163	56	50	269

Quanto à abordagem utilizada, assumindo novamente como unidade de análise os artigos, temos uma proporção maior de mestres tanto na pesquisa empírica quantitativa (42,3%) quanto na qualitativa (55,4%). A aplicação combinada dessas abordagens encontra resultados semelhantes: 46% para mestres, 36% para doutores. Novamente fechando na linha, ou seja, considerando as preferências de cada faixa de titulação, vemos que os doutores pareceram preferir a pesquisa quantitativa (61,6%), utilizando-a muito mais que a pesquisa qualitativa (17,4%), mas combinando as duas em diversas oportunidades (20,9%). Mestres seguem uma tendência semelhante, preferindo as abordagens quantitativas (56,1%) às qualitativas (25,2%). Especialistas também preferem, em uma proporção ainda mais acentuada, a pesquisa quantitativa quando realizam pesquisa empírica (85,7%), assim como os bacharéis (66,7%). Importante notar que a combinação de técnicas é quase exclusiva de mestres e doutores, que somam 82%. Em outras palavras, quanto mais se avança no campo acadêmico, mais sofisticada parece ser a estratégia metodológica utilizada.

O próximo cruzamento relacionou o tipo de pesquisa empírica (abordagem) com a natureza dos dados. Assim, procurou-se verificar se estes pesquisadores possuíam algum tipo de preferência relacionando coleta e utilização de dados, ou seja, como realizam um e outro tipo de abordagem. A tabela 34 ilustra bem essa relação:

Tabela 34 | Tipo de abordagem e origem dos dados

Origem	Abordagem			Total
	Quantitativa	Qualitativa	Mista	
Primária	26	25	14	65
Secundária	135	31	27	193
Mista	2	-	9	11
Total	163	56	50	269

A tabela indica uma proporção muito significativa de pesquisas quantitativas que se utilizam de dados secundários (82,8%). Em apenas uma pequena proporção (16%) é o pesquisador *quantitativista* quem produz os dados. Quando há pesquisa empírica qualitativa, ela se utiliza de dados secundários (55,4%) mais que de dados primários (44,6%), sem qualquer ocorrência de uma combinação de origem. Ainda acerca da origem dos dados, verificou-se, nas hipóteses em que se utilizava jurisprudência como fonte, se ela era coletada pelos próprios pesquisadores ou se era aproveitada de outro estudo. A tabela 35 mostra essa relação:

Tabela 35 | Origem de dados e uso de jurisprudência

Origem	Jurisprudência		Total
	Sim	Não	
Primária	9	56	65
Secundária	11	182	193
Mista	-	11	11
Total	20	249	269

Aqui, temos uma quase coincidência na origem dos dados, quando esses são provenientes de decisões judiciais. É tão comum que eles sejam produzidos pelos próprios autores quanto que eles sejam usados por terceiros. De uma forma ou de outra, a utilização de dados desse tipo ainda aparece como muito marginal na pesquisa empírica em direito.

A tabela 36 mostra o cruzamento entre o grau de titulação dos autores e o objeto de pesquisa escolhido.

Tabela 36 | Relação entre titulação e objeto de pesquisa

Objeto	Doutor	Mestre	Especialista	Bacharel	Ensino médio	NE	Total
Acesso à Justiça	4	3	-	1	-	-	8
Agências reguladoras	-	1	-	1	-	-	2
Cidadania	9	24	4	5	-	5	47
CNJ	-	-	-	1	-	-	1
Concorrência	-	1	-	-	-	-	1
Contratos	1	-	-	-	-	-	1
Cultura jurídica	-	1	-	-	-	-	1
Decisões judiciais	2	-	-	-	-	-	2
Defensoria Pública	1	1	-	-	-	-	2
Democracia	4	5	1	1	-	-	11
Desenvolvimento social	-	-	1	-	-	-	1
Direito administrativo	-	1	-	-	-	-	1
Direito do consumidor	-	2	-	-	-	-	2
Direito do trabalho	2	1	-	-	-	-	3
Direito dos animais	1	1	-	-	-	-	2
Direito e economia	2	5	-	-	-	-	7
Direito empresarial	1	-	-	-	-	-	1
Direitos de personalidade	1	-	-	-	-	-	1
Direitos humanos	12	22	4	1	-	2	41
Educação	1	2	-	-	-	-	3
Ensino jurídico	9	8	-	-	-	-	17
Juizados especiais	2	-	1	-	-	-	3
Meio ambiente	5	12	3	-	1	1	22
Meios alternativos de resolução de conflitos	3	3	-	1	-	-	7
Ministério Público	1	1	-	-	-	-	2
Pesquisa jurídica	1	2	-	-	-	-	3
Planejamento urbano	1	-	-	-	-	-	1
Poder Judiciário	6	5	1	1	-	3	16

▼

Objeto	Titulação						Total
	Doutor	Mestre	Especialista	Bacharel	Ensino médio	NE	
Previdência privada	-	1	-	-	-	-	1
Regulação	1	1	-	1	-	-	3
Relações internacionais	5	2	-	-	-	-	7
Separação/divórcio	1	-	-	-	-	-	1
STF	7	3	1	1	-	2	14
Teoria do direito	1	3	-	1	-	-	5
Terceiro setor	1	-	-	-	-	-	1
Tributação	-	2	-	-	-	1	3
Violência	1	10	5	6	-	3	25
Total	86	123	21	21	1	17	269

Quando examinamos os objetos com maior incidência, vemos que o tema da cidadania é mais apreciado por mestres (51,1%) que por doutores (19,1%); o segundo tema mais comum, direitos humanos, também é bem mais estudado por mestres (53,7%) que pelos demais (doutores são 29,3%); em relação ao terceiro tema, violência, os mestres continuam mais comuns (40%), mas os bacharéis também aparecem bastante (24%); em relação ao quarto tema mais comum, meio ambiente, os mestres continuam sendo mais comuns (54,5%), mas os doutores voltam a figurar em segundo lugar (22,7%).

Quando voltamos a analisar os temas ligados ao sistema de Justiça, temos o seguinte quadro: uma maior incidência de doutores entre os que pesquisam sobre acesso à Justiça (50%, contra 37,5% de mestres); o CNJ é analisado apenas por bacharéis, objeto ainda muito pouco explorado, ao menos a partir de pesquisas empíricas; tanto Defensoria Pública quanto Ministério Público são instituições analisadas por doutores e mestres igualmente (50% cada); os Juizados Especiais são objeto de doutores (66,7%), mas não de mestres (0%); especialistas, embora em menor proporção, também estudam esse objeto (33,3%); STF foi um objeto mais explorado por doutores (50%) que por mestres (21,4%); já o tema Poder Judiciário, como um todo, recebe atenções tanto de doutores (37,5%) quanto de mestres (31,3%). Talvez temas e instituições mais complexas atraiam apenas pesquisadores mais experientes. Ao cabo, os dados parecem indicar que doutores se concentram em temas específicos, enquanto mestres se concentram em temas mais gerais.

Em seguida, efetuou-se o cruzamento entre os tipos de abordagem — quantitativa ou qualitativa — e os objetos para verificar se há um uso mais frequente de um tipo de abordagem para temas determinados. Os resultados encontram-se na tabela 37:

Tabela 37 | Relação entre tipo de abordagem e objeto de pesquisa

Objeto	Quantitativa	Qualitativa	Mista	Total
Acesso à Justiça	6	2	-	8
Agências reguladoras	1	1	-	2
Cidadania	37	3	7	47
CNJ	1	-	-	1
Concorrência	-	1	-	1
Contratos	1	-	-	1
Cultura jurídica	1	-	-	1
Decisões judiciais	-	1	1	2
Defensoria Pública	2	-	-	2
Democracia	6	1	4	11
Desenvolvimento social	1	-	-	1
Direito administrativo	1	-	-	1
Direito do consumidor	2	-	-	2
Direito do trabalho	1	-	2	3
Direito dos animais	2	-	-	2
Direito e economia	2	4	1	7
Direito empresarial	-	-	1	1
Direitos de personalidade	1	-	-	1
Direitos humanos	26	10	5	41
Educação	2	1	-	3
Ensino jurídico	8	4	5	17
Juizados especiais	2	1	-	3
Meio ambiente	13	4	5	22
Meios alternativos de resolução de conflitos	5	2	-	7
Ministério Público	1	1	-	2
Pesquisa jurídica	1	2	-	3
Planejamento urbano	-	-	1	1
Poder Judiciário	7	5	4	16
Previdência privada	1	-	-	1
Regulação	1	1	1	3
Relações internacionais	4	-	3	7
Separação/divórcio	1	-	-	1
STF	9	2	3	14

▼

Objeto	Abordagem			Total
	Quantitativa	Qualitativa	Mista	
Teoria do direito	2	1	2	5
Terceiro setor	1	-	-	1
Tributação	-	1	2	3
Violência	14	8	3	25
Total	163	56	50	269

Ao optar pelos temas com maior incidência, verifica-se que os estudos sobre cidadania apresentam uma preponderância de análises quantitativas (78,7%) contra uma pequena incidência de pesquisas qualitativas (6,4%). Essa preponderância das análises quantitativas é reproduzida no objeto direitos humanos (63,4% contra 24,4% de pesquisas qualitativas), proporção que diminui, ainda que permaneça predominante, no terceiro tema mais comum: violência (56% contra 32%). Em nenhum objeto têm-se mais abordagens qualitativas que quantitativas e apenas no objeto democracia verifica-se uma maior incidência de abordagens combinadas (40%).

Em relação às instituições do sistema de Justiça, tem-se um retrato muito semelhante: as investigações sobre Poder Judiciário foram realizadas mais pela via quantitativa (43,8%) que qualitativa (31,3%); o STF, igualmente, é mais observado pela via quantitativa (64,3%) que qualitativa (14,3%, índice, aliás, menor que a aplicação de ambas as abordagens [21,4%]); os Juizados Especiais também foram mais pesquisados através de dados mensuráveis (66,7% contra 33,3%); já o Ministério Público tem a mesma proporção de abordagens (50% cada), enquanto a Defensoria Publica só teve abordagens pela via da pesquisa quantitativa. Por fim, o único trabalho relacionado ao CNJ teve caráter quantitativo. Os resultados gerais sobre essas instituições foram: 57,9% de abordagens quantitativas, 23,7% de abordagens qualitativas e 18,4% de abordagem mista.

É possível agora resumir o cenário relativo aos dados do Conpedi sustentando que: os autores são principalmente mestres (42,6%) e doutores (33,3%); os dados utilizados são principalmente produzidos por terceiros (71,7%); há uma preferência pela pesquisa quantitativa (60,6%); o uso de jurisprudência é baixo (7,4%); os principais objetos são cidadania, direitos humanos, violência e meio ambiente (que somam 49,8%); doutores e mestres preferem utilizar dados secundários (67,1% e 69,1%, respectivamente); a lógica se mantém em relação às preferências de tipos de abordagem: doutores e mestres preferem a abordagem quantitativa (54,4% e 53,5%); quando a pesquisa é quantitativa, os dados utilizados são principalmente secundários (82,7%); quando é qualitativa, essa diferença é um pouco mais leve (44,6% para origem primária, 55,3% de origem secundária, sem origem mista); quando a jurisprudência é utilizada, é um pouco mais comum que o autor não produza seus próprios dados (47,4% de dados de origem primária, 52,6% de dados de origem secundária).

Cruzamento dos dados: constituindo uma base de pesquisadores empíricos em direito

Por fim, cabe consolidar essas bases de dados para saber o que sua comparação — artigos em periódicos qualificados e artigos apresentados no principal evento científico no campo jurídico — informa sobre os pesquisadores. O primeiro cruzamento diz respeito à titulação. A tabela 38 explora essa comparação.

Tabela 38 | Titulação mais alta

Titulação	Lattes	Conpedi	Total
Doutor	92	110	202
Mestre	11	145	156
Especialista	1	28	29
Bacharel	-	29	29
Ensino médio	-	9	9
Não encontrados	-	16	16
Total	104	337	441

Podemos tanto observar essa tabela em termos de números totais quanto comparar os dados de cada fonte. Somando as bases, temos 45,8% de doutores e 35,4% de mestres. Esse predomínio de doutores no olhar global não se reproduz quando as bases são separadas. Na verdade, é curioso observar como as duas bases mostram uma total inversão nesse aspecto: na plataforma

Lattes foram localizados mais doutores (88,5%), ao passo que, na base dos artigos do Conpedi, os mestres predominam (43% contra 32,6%). A base do Conpedi trouxe duas categorias que não tiveram marcação na plataforma Lattes: Ensino Médio e Bacharel. Ou seja, é mais comum encontrarmos pesquisadores em começo de carreira produzindo a partir das técnicas empíricas no Conpedi. Em outras palavras, enquanto a plataforma Lattes parece sinalizar para pesquisadores já "consolidados", o Conpedi parece constituir-se em um espaço de socialização acadêmica para pesquisadores "iniciantes". Outra forma de olhar para estes dados consiste em reconhecer que pesquisadores "consolidados" não se apresentam no Conpedi, possivelmente por não o verem como um espaço de socialização entre pares, mas como um espaço não consolidado, ainda pautado pelos debates relativos à institucionalização da pós-graduação em direito.

A tabela 39 mostra a origem dos dados nestas duas bases.

Tabela 39 | Origem dos dados

Origem	Lattes	Conpedi	Total
Primária	74	65	139
Secundária	32	193	225
Mista	9	11	20
Total	115	269	384

Em termos gerais, há uma preponderância da origem secundária: o pesquisador que aplica técnicas empíricas no direito aproveita mais os dados já constituídos (58,6%) do que produz seus próprios bancos de dados (36,2%). Essa lógica aparece invertida nas duas bases: para os pesquisadores localizados na plataforma Lattes, a maior parte (64,3%) constituiu a própria base, enquanto uma menor parte (27,8%) utilizou a base de terceiros; já na base do Conpedi a preponderância é de aproveitamento de bases já constituídas (71,7%) contra a sistematização dos próprios dados (24,2%). Mais uma vez, isso parece reproduzir a lógica antes observada: pesquisadores "consolidados", que produzem seus próprios dados, não reconhecem o Conpedi como um espaço de socialização adequado para o desenvolvimento de suas pesquisas.

O próximo exercício consistiu em verificar os tipos de abordagem, com os resultados estando sistematizados na tabela 40.

Tabela 40 | Tipos de abordagem

Abordagem	Lattes	Conpedi	Total
Quantitativa	49	56	105
Qualitativa	39	163	202
Mista	27	50	77
Total	115	269	384

Há uma preponderância da pesquisa qualitativa (52,6%) em relação à quantitativa (27,3%), o que revela que a pesquisa empírica em direito não está limitada, por exemplo, à sistematização de jurisprudência ou a dados estatísticos sobre casos judiciais. Nota-se, novamente, uma inversão nas duas bases: nos artigos em periódicos coletados a partir da plataforma Lattes a maior parte se utilizava de pesquisa quantitativa (42,6%), enquanto uma parte menor aplicava técnicas qualitativas (33,9%); a utilização mista de técnicas mostrou-se relevante (23,5%); já na base constituída pelos artigos apresentados no Conpedi constata-se que os artigos quantitativos compõem um universo menor (20,8%) em relação às pesquisas qualitativas (60,6%) e apenas um pouco maior que a aplicação mista (18,6%). Ou seja, o pesquisador "tipo" que emerge do Conpedi parece assumir menos riscos metodológicos, utilizando, preferencialmente, um único tipo de abordagem. Analisando, ainda, a presença de dados coletados de decisões judiciais (jurisprudência), tem-se uma coincidência entre as duas bases, como pode ser visto na tabela 41.

Tabela 41 | Presença de pesquisa jurisprudencial

Tipo	Lattes	Conpedi	Total
Pesquisa jurisprudencial	8	20	28
Pesquisa não jurisprudencial	107	249	358
Total	115	269	384

Em ambas as bases, poucos artigos se utilizavam de jurisprudência: apenas 7% na base Lattes e 7,4% na base Conpedi, o que gera um total de 7,3% de trabalhos com utilização de decisões judiciais sistematizadas. Como discutido mais acima, esse dado pode significar um subaproveitamento de fontes importantes de investigação. Já a tabela 42 mostra a consolidação dos objetos nas duas bases utilizadas.

Tabela 42 | Objetos de pesquisa

Objeto	Lattes	Conpedi	Total
Acesso à Justiça	4	8	12
Agências reguladoras	-	2	2
Administração pública	6	-	6
Cidadania	18	47	65
CNJ	-	1	1
Concorrência	-	1	1
Contratos	-	1	1
Cultura jurídica	-	1	1
Decisões judiciais	-	2	2
Defensoria Pública	-	2	2
Democracia	4	11	15
Desenvolvimento social	-	1	1
Direito e economia	2	7	9
Direito administrativo	-	1	1
Direito constitucional	1	-	1
Direito do consumidor	-	2	2
Direito do trabalho	1	3	4
Direito dos animais	-	2	2
Direito empresarial	-	1	1
Direitos de personalidade	-	1	1
Direitos humanos	12	41	53
Economia	6	-	6
Educação	-	3	3
Eleições	5	-	5
Ensino jurídico	1	17	18
Juizados especiais	-	3	3
Meio ambiente	-	22	22
Meios alternativos de resolução de conflitos	2	7	9
Ministério Público	-	2	2
Pesquisa jurídica	-	3	3
Planejamento urbano	-	1	1
Poder Judiciário	5	16	21
Previdência privada	-	1	1

▼

Objeto	Lattes	Conpedi	Total
Regulação	-	3	3
Relações internacionais	-	7	7
Separação/divórcio	-	1	1
STF	-	14	14
Teoria do direito	-	5	5
Política	2	-	2
Relações de trabalho	4	-	4
Saúde pública	21	-	21
Teoria da decisão	6	-	6
Terceiro setor	1	1	2
Tributação	1	3	4
Violência	13	25	38
Total	115	269	384

Pode-se notar que nem todos os objetos foram encontrados nas duas bases. Com efeito, enquanto a base Lattes teve 20 objetos, a base Conpedi teve 37. Apenas 12 objetos foram encontrados nas duas bases: acesso à Justiça, cidadania, democracia, direito e economia, direito do trabalho; direitos humanos, ensino jurídico, meios alternativos de administração de conflitos, Poder Judiciário, terceiro setor, tributação e violência. Os quatro objetos com maior número de ocorrências foram: cidadania (16,9%), direitos humanos (13,8%), violência (9,9%) e meio ambiente (5,7%).

Conclusão

Ao abrir este texto, propúnhamos uma pergunta: afinal, existe pesquisa empírica em direito no Brasil? Nossa resposta era afirmativa, ainda que fosse necessário reconhecer sua condição residual, periférica e incompreendida. Ao cabo da análise, o diagnóstico se confirma e indica que esses pesquisadores encontram-se dispersos e não se socializam no principal espaço de produção acadêmica do campo jurídico no Brasil. Com efeito, os dados informaram a existência de apenas quatro nomes em ambas as bases utilizadas:

Tabela 43 | Pesquisadores em ambas as bases

Pesquisador	Titulação	Docência
Alexandre Garrido da Silva	Doutor em direito (Uerj)	Professor (UFU)
Alexandre Veronese	Doutor em sociologia (Uerj)	Professor (UFF)
José Ricardo Cunha	Doutor em direito (UFSC)	Professor (FGV-Rio e Uerj)
Roberto Fragale Filho	Doutor em ciência política (Université de Montpellier I)	Professor (FGV-Rio e UFF)

É claro e inequívoco que há muitos outros realizando trabalhos empíricos na área jurídica, mas que não apareceram na base de dados cruzada aqui utilizada. Isso não quer dizer que eles sejam menos importantes do que aqueles que efetivamente apareceram nas bases aqui constituídas. Ao contrário! Entretanto, não se postulava aqui fazer uma espécie de *who's who* da pesquisa empírica nacional, mas tão somente produzir uma leitura compreensiva desse campo em construção. O paradoxo constatado é que os pesquisadores "consolidados" parecem não reconhecer o mais tradicional campo de socialização de pesquisa jurídica como um espaço próprio para a apresentação de seus trabalhos. Não será isso um indício de que eles se vejam como estranhos ao campo e sintam que suas inferências produzem um estranhamento de difícil superação? Conquanto não tenhamos postulado trazer respostas para tais indagações, elas indicam que o grande desafio posto aos pesquisadores empíricos em direito ainda consiste em responder às demandas para reunir essas pessoas e dar visibilidade ao seu trabalho.

Com efeito, o trabalho acadêmico ganha em interesse e relevância quando a existência de interlocutores possibilita o avanço do estado da arte. Mas, para isso, é preciso que os interlocutores se encontrem, se reconheçam e discutam seus resultados. Saber que eles existem e estão por aí já é um alento. Proporcionar seu encontro, dar visibilidade ao seu trabalho é o que nos resta fazer. Entretanto, isso não é pouco e a estrada é (muito) longa...

Referências

ANÍTUA, Gabriel Ignácio. Notas sobre la metodologia de investigaciones empíricas em derecho. In: COURTIS, Christian. *Observar la ley*: metodologia de la investigacion jurídica. Madrid: Trotta, 2006. p. 299-319.

COORDENAÇÃO DE APERFEIÇOAMENTO DE PESSOAL DE NÍVEL SUPERIOR (CAPES). Diretoria de Avaliação (DAV) (2009). *Documento de Área 2009 — Direito*. Disponível em: <http://capes.gov.br/images/stories/download/avaliacao/DIREITO_19jun10.pdf>. Acesso em: 30 nov. 2011.

CONSELHO NACIONAL DE PESQUISA E PÓS-GRADUAÇÃO EM DIREITO. Pós-Graduação em direito no Brasil: avaliação e perspectivas. In: III CONPEDI. *Anais*. Rio de Janeiro: Editoria Central da Universidade Gama Filho, 1994.

ENGELMANN, Fabiano. *Sociologia do campo jurídico*: juristas e usos do direito. Porto Alegre: Sergio Antonio Fabris Editor, 2006.

FRAGALE FILHO, Roberto. Quando a empiria é necessária? In: XIV CONGRESSO NACIONAL DO CONPEDI. *Anais*. Fortaleza: Conselho Nacional de Pesquisa e Pós-Graduação em Direito, 2005. Disponível em: <www.conpedi.org.br/manaus/arquivos/Anais/Roberto%20Fragale%20Filho.pdf>. Acesso em: 14 jan. 2011.

FRAGALE FILHO, Roberto; VERONESE, Alexandre. A pesquisa em direito: diagnóstico e perspectivas. *Revista Brasileira de Pós-Graduação*, Brasília, v. 1, n. 2, p. 53-74, nov. 2004.

LABBÉ, Dominique. *Le vocabulaire de François Mitterand*. Paris: Presses de la Fondation Nationale des Sciences Politiques, 1990.

NOBRE, Marcos. Apontamentos sobre a pesquisa em direito no Brasil. *Cadernos Direito GV*, São Paulo, n. 1, 2004. Disponível em: <www.cebrap.org.br/v1/upload/biblioteca_virtual/NOBRE_Apontamentos%20sobre%20a%20Pesquisa%20em%20Direito%20no%20Brasil.pdf>. Acesso em: 14 set. 2010.

OLIVEIRA, Luciano. *Não fale do Código de Hamurábi!* A pesquisa sociojurídica na pós-graduação em direito. Disponível em: <http://moodle.stoa.usp.br/file.php/467/OLIVEIRA_Luciano_-.Nao_fale_do_codigo_de_Hamurabi.pdf>. Acesso em: 14 set. 2010.

SADEK, Maria Tereza. Estudos sobre o sistema de Justiça. In: MICELI, Sérgio (Org.). *O que ler na ciência social brasileira 1970-2002*. São Paulo: Sumaré; Anpocs, 2002. v. IV, p. 233-265.

SCHUCK, Peter H. Why don't law professors do more empirical research? *Journal of Legal Education*, v. 39, n. 3, p. 323-336, 1989.

VERONESE, Alexandre. Considerações sobre o problema da pesquisa empírica e sua baixa integração na área de direito: a tentativa de uma perspectiva brasileira a partir da avaliação dos cursos de pós-graduação do Rio de Janeiro. In: NETTO, Fernando Gama de Miranda (Org.). *Epistemologia e metodologia do direito*. Campinas: Millenium, 2011.

PARTE II
Pesquisa empírica sobre o sistema
de Justiça no Brasil: o que está sendo feito?

CAPÍTULO 4
O princípio da insignificância nos crimes contra o patrimônio e contra a ordem econômica: análise das decisões do Supremo Tribunal Federal

PIERPAOLO CRUZ BOTTINI

ANA CAROLINA CARLOS DE OLIVEIRA

DOUGLAS DE BARROS IBARRA PAPA

THAÍSA BERNHARDT RIBEIRO

Casos de furto de bagatelas — como produtos de higiene pessoal, potes de margarina, barras de chocolate[1] — são amplamente noticiados pela mídia. Ao lado da indignação despertada pela punição desses crimes muito pequenos, presenciamos também a sensação de injustiça que perpassa o saber comum quando das denúncias dos grandes esquemas de corrupção, e a crença amplamente difundida na suposta impunidade dos delitos econômicos, perpetrados por grupos de maior poder econômico.

Estas considerações apontariam para o extremo rigor do direito penal, a indicar que o aparato criminal é um instrumento formalista, sem critérios de razoabilidade, além de segregador de determinadas classes sociais. Essa apreensão social do direito penal caminha em sentido contrário a todos os esforços de grande parte da doutrina dessa área, voltados a torná-lo mais permeável ao

---

[1] Ver HC 107.733, de 4-4-2011, STF, no qual o relator, ministro Luiz Fux, negou a insignificância de três barras de chocolate.

contexto e às necessidades sociais onde atua, conforme as pautas do direito penal mínimo.

Com esses problemas em foco, analisamos os julgados do Supremo Tribunal Federal (STF) a respeito do princípio da insignificância nos últimos cinco anos, a fim de identificar se esta mencionada percepção social reflete a atuação real do Judiciário brasileiro, ou estaria distorcida pela repercussão que alguns casos emblemáticos atingem.

As linhas a seguir apresentam um recorte dos resultados obtidos na pesquisa empírica "O princípio da insignificância nos crimes contra o patrimônio e contra a ordem econômica: análise das decisões do Supremo Tribunal Federal", indicando os resultados mais pertinentes à comparação do tratamento entre delitos econômicos e patrimoniais.

São apresentadas também as formulações doutrinárias acerca do princípio da insignificância, para que esse fique claramente delineado antes das reflexões acerca dos resultados empíricos que a pesquisa alcançou.

Direito penal e a expansão da jurisdição constitucional no Brasil

A crescente e extraordinária relevância da jurisdição constitucional no Brasil tem sido alvo de uma série de debates acadêmicos e trabalhos doutrinários ao longo dos últimos anos. O fortalecimento gradual de uma instância neutra, mediadora e imparcial na solução de conflitos constitucionais, principalmente em sociedades pluralistas e complexas, regidas pelo princípio democrático e jurídico da limitação do poder, é um fenômeno que cada vez mais se concretiza no cenário jurídico brasileiro.

O crescimento da importância política do Poder Judiciário, em especial do STF, é verificado, sobretudo, em julgamentos de questões polêmicas e relevantes para a sociedade, muitas delas propostas por grupos políticos ou sociais negligenciados na esfera legislativa. De um poder quase "nulo", de mera aplicação da lei, imposta pela desconfiança iluminista, pelo prestígio do positivismo jurídico e pelo dogma do Parlamento (Bottini, 2011:119-120), o Poder Judiciário se vê alçado a uma posição muito mais importante no desenho institucional do Estado contemporâneo.

Trata-se de um fundamento organizacional do que se convencionou chamar de "neoconstitucionalismo", traduzido na preponderância do Poder Judiciário em face das alterações metodológicas e normativas particulares desse fenômeno.[2] Essa transformação inicia-se com o constitucionalismo do pós-guerra, especialmente na Alemanha e na Itália, países que durante a segunda metade do século XX redefiniram o lugar da Constituição nas respectivas ordens jurídicas, produzindo uma nova forma de organização política conhecida como estado democrático de direito, estado constitucional de direito ou estado constitucional democrático (Barroso, 2005:1).

A principal referência no desenvolvimento do novo direito constitucional é a Lei Fundamental de Bonn (Constituição alemã), de 1949, e, especialmente, a criação do Tribunal Constitucional Federal, instalado em 1951. A partir desse período, verificou-se a ascensão científica do direito constitucional no âmbito dos países de tradição romano-germânica, fortalecida pelo movimento constitucional subsequente em países como Portugal, Espanha e Brasil.

A ascensão do "neoconstitucionalismo" evidenciou, ao longo da segunda metade do século passado, uma crise do positivismo jurídico, pois a lei deixa de ser a única, suprema e racional fonte do direito, para fixar novas orientações ou linhas de evolução: mais regras do que princípios; mais ponderação do que subsunção; a onipresença da Constituição em todas as áreas jurídicas e conflitos; e a coexistência de uma constelação plural de valores, às vezes tendencialmente contraditórios, no lugar de uma homogeneidade ideológica em torno

---

[2] O neoconstitucionalismo identifica um conjunto amplo de transformações ocorridas no Estado e no direito constitucional, em meio às quais podem ser assinalados, (1) como marco histórico, a formação do Estado constitucional de direito, cuja consolidação se deu ao longo das décadas finais do século XX; (2) como marco filosófico, o pós-positivismo, com a centralidade dos direitos fundamentais e a reaproximação entre direito e ética; e (3) como marco teórico, o conjunto de mudanças que incluem a força normativa da Constituição, a expansão da jurisdição constitucional e o desenvolvimento de uma nova dogmática da interpretação constitucional. Desse conjunto de fenômenos resultou um processo extenso e profundo de constitucionalização do Direito. Cf. Barroso (2005). Disponível em: <http://jus.com.br/revista/texto/7547>. Acesso em: 1º nov. 2011. Sobre o tema, conferir, ainda, Ávila (2009). Disponível em: <www.direitodoestado.com/rede.asp>. Acesso em: 1º nov. 2011; Barcellos (2007); Carbonell (2009).

de inúmeros princípios coerentes entre si e em torno das sucessivas opções legislativas (Sanchís, 2005:131-132).

Uma vez que as normas constitucionais estão presentes em esferas jurídicas variadas, oferecendo orientações diversas, o controle judicial exercido pelos tribunais, sobretudo pelas supremas cortes, assume um relevante papel, o que se dá em detrimento da autonomia do legislador. Isso não significa que o constitucionalismo contemporâneo estabeleça a lei como mera execução do texto constitucional, mas apenas reforça a necessidade de a lei estar em consonância com os parâmetros constitucionais (Sanchís, 2005:132-133).

No Brasil, a promulgação da Constituição de 1988 representou uma expansão efetiva da jurisdição constitucional. O controle de constitucionalidade teve, em 1988, a ampliação do rol de legitimado à sua propositura, somada à criação de novos mecanismos de controle concentrado, como ação declaratória de constitucionalidade, introduzida pela Emenda Constitucional nº 3/1993, e a previsão da arguição de descumprimento de preceito fundamental, regulamentada pela Lei nº 9.882/1999.

Essa capacidade do Poder Judiciário de exercer o controle de constitucionalidade das leis e atos normativos propiciou um aumento substancial das áreas de intervenção e atuação política desse poder, pois a Constituição de 1988 conferiu aos magistrados e às cortes judiciais o poder de produzir impactos sobre o processo de decisão política, sendo a Constituição de 1988 um ponto de inflexão, pois representou uma mudança substancial no perfil do Judiciário, ao expandi-lo para a arena pública e conferir-lhe um papel de protagonista de primeira grandeza.[3]

Sob a ótica penal, essa politização da jurisdição também resta patente, pois o Judiciário deixa de ser o mero aplicador da norma penal e passa a representar um agente de formulação de política criminal, isto é, deixa de ser um órgão de concretização da política criminal do legislador para se tornar um produtor de

---

[3] Ver Sadek (2004:81). Em torno do Poder Judiciário cria-se uma nova arena pública, externa ao circuito clássico "sociedade civil – partidos – representação – formação da vontade majoritária", pois os procedimentos políticos de mediação cedem lugar aos judiciais, expondo o Judiciário a uma interpelação direta de indivíduos, de grupos sociais e até de partidos, em um tipo de comunicação em que prevalece a lógica dos princípios, do direito material, deixando-se para trás as antigas fronteiras que separavam o *tempo passado*, de onde a lei geral e abstrata hauria seu fundamento, do *tempo futuro*, aberto à infiltração do imaginário, do ético e do justo. Vianna (1999:22-23).

diretrizes políticas próprias. Cumprindo o papel de gestor da política criminal, o Judiciário passa a ter condições de aplicar a norma jurídico-penal, com base no sistema social, permitindo que as expectativas sociais de promoção e efetivação da segurança pública se voltem para a atuação jurisdicional (Bottini, 2011:124).

A crescente aceitação da aplicação do princípio da insignificância pelo STF comprova esse protagonismo do Judiciário em matéria penal, o que denota a influência da Suprema Corte nos rumos da política criminal brasileira.

Princípio da insignificância: aspectos teóricos

O princípio da insignificância traduz-se em um elemento de política criminal, trazido para o direito penal contemporâneo por Roxin,[4] em consonância com sua visão metajurídica do direito penal, na qual a referência à política criminal e ao bens jurídico é essencial para a aplicação justa da pena.[5]

Na doutrina nacional, Vico Mañas, em uma das poucas monografias inteiramente dedicadas ao tema, definiu o princípio da insignificância como "instrumento de interpretação restritiva do tipo penal, com o significado sistemático e político-criminal de expressão da regra constitucional do *nullum crimen sine lege*, que nada mais faz do que revelar a natureza subsidiária e fragmentária do direito penal" (Vico Mañas, 1994:56).

O princípio surge como um instrumento judicial de interpretação restritiva para avaliar condutas que, embora formalmente típicas, não revelam ofensa real aos bens jurídicos tutelados, de modo a não justificar a intervenção penal. Assim, a mera subsunção do fato ao tipo, com desprezo da ofensa ou perigo ao bem jurídico protegido, não basta para considerar criminosa a conduta praticada.

---

[4] Roxin falou pela primeira vez sobre o princípio da insignificância em artigo publicado em 1964, em uma época de acentuada preocupação político-criminal na Alemanha, que culminaria, 10 anos depois, com a substituição do Código Penal daquele país. Dalbora (1996:66).
[5] O autor alemão resgata o posicionamento de Von Liszt para a necessidade de aproximação do direito com a realidade social, em contraposição à visão metafísica e abstrata das normas vigente à época (final do século XIX), que enxergava a validade do direito penal através do referencial normativo puro. Anuncia-se uma concepção material do delito não apenas baseada em normas éticas, mas em necessidades sociais, e o pressuposto de cada sanção penal não surge de uma contravenção moral, mas de um dano à sociedade. Roxin (2000:21).

Ao elaborar os tipos penais abstratos, o legislador não é capaz de prever as diversas extensões dos resultados jurídicos decorrentes do ilícito, passando o modelo abstrato a salientar, de forma genérica, apenas os prejuízos relevantes à ordem jurídica e social. Daí o caráter imprescindível da aplicação judicial do princípio da insignificância, permitindo afastar os casos inofensivos do âmbito de alcance da norma penal (Barbosa Júnior, Franzoi e Morgado, 2007:36).

O bem jurídico-penal como elemento de análise

O princípio da insignificância coaduna-se com os esforços da doutrina na construção de um direito penal material, voltado à atuação prática e à tutela concreta de bens. Nesse contexto, o princípio pode ser traduzido em um "critério de atribuição ao tipo" (Fernández, 2004:163), ou seja, um balizador da aplicação da lei quando a conduta incriminada estiver relacionada ao ataque efetivo ao bem jurídico protegido, e não somente passível de subsunção a um modelo abstrato. Na aplicação do princípio da insignificância, há uma conduta que encontra um tipo penal correspondente que, no entanto, não é capaz de afetar o bem jurídico.

Nesse sentido, a teoria do bem jurídico ganha importância para a análise do princípio em tela, uma vez que a ciência penal moderna não pode prescindir de uma base empírica nem de um vínculo com a realidade social, passando a função político-criminal do bem jurídico a constituir "um dos critérios principais de individualização e de delimitação da matéria destinada a ser objeto da tutela penal" (Prado, 2010:19).

As discussões acerca da necessidade de lesão a bens jurídicos como pressuposto da punibilidade ganharam força nas últimas décadas, principalmente na Alemanha, permitindo relevantes alterações na dogmática penal, ao excluir, por exemplo, do âmbito penal, as meras imoralidades e as contravenções.[6] Nesse sentido, o bem jurídico passa a ter um caráter vinculante político-criminal-

---

[6] Sobre a atual crise do conceito de bem jurídico e as discussões no âmbito internacional sobre o tema, cf. Hefendehl (2007).

mente, no intuito de demarcar os limites do instrumento punitivo estatal, estruturado com base na concepção de determinados fins para o funcionamento do próprio sistema (Roxin, 1997:55-56).

Essa concepção permite uma análise do conceito material do delito, prévio ao próprio Código Penal, fornecendo ao legislador um critério político-criminal sobre o que pode ser penalizado e o que não será classificado como tipo penal,[7] devendo o direito penal ser entendido como uma proteção subsidiária de bens jurídicos (Roxin, 1997:51).

Contudo, além de o bem jurídico ter a função de limitar o legislador, uma *função de garantia*, como assevera Prado (2010:50), ao considerar o compromisso do legislador em não tipificar senão aquelas condutas graves que lesionem ou coloquem em perigo autênticos bens jurídicos, ele tem, entre outras funções, uma *função teleológica ou interpretativa*, pois é "um critério de interpretação dos tipos penais, que condiciona seu sentido e alcance à finalidade de proteção de certo bem jurídico" (Prado, 2010:51).

É com essa função interpretativa que o julgador passa a dimensionar a potencialidade de determinadas condutas em ofender bens jurídicos específicos, afastando as condutas insignificantes, que não geram qualquer lesão ou ameaça de lesão ao bem tutelado pela norma incriminadora, em consonância com os princípios penais fundamentais, os quais constituem o *núcleo gravitacional, o ser constitutivo do direito penal* (Prado, 2010:55).

Princípios penais fundamentais

O princípio da insignificância deriva do princípio da intervenção mínima. Segundo este, o direito penal deve ser aplicado apenas quando estritamente neces-

---

[7] Desse prisma, convém registrar que essa dimensão material do bem jurídico, reconhecida a partir dos valores sociais tidos como objeto de proteção penal, ganhou seus principais contornos com Von Liszt, por meio da teoria da nocividade social. Essa doutrina reconheceu como ponto de partida o postulado de que o fim do direito penal passa a ser constituído por determinados interesses humanos procedentes do mundo dos valores sociais, e essa concepção material passa a estabelecer limites ao legislador penal, mostrando-se, assim, como fator político-criminal de grande importância no sistema penal. Cf. Polaino Navarrete (2000:334-335).

sário, mantendo-se subsidiário e fragmentário. Entre os fatos que circundam a ação delitiva, o direito penal cuidará apenas daqueles que forem relevantes.

Deriva, ainda, da ideia de fragmentariedade, que norteia a intervenção penal no caso concreto, já que, para tanto, se exige relevante e intolerável lesão ou perigo de lesão ao bem jurídico tutelado. O bem jurídico é defendido penalmente só perante certas formas de agressão ou ataque, consideradas socialmente intoleráveis.

O fundamento do princípio da insignificância está, também, na ideia de proporcionalidade que a pena deve guardar em relação à gravidade do crime. Nos casos de ínfima afetação do bem jurídico, o conteúdo do injusto é tão pequeno que não subsiste nenhuma razão para aplicação da pena que, caso o seja, certamente será desproporcional à significação social do fato.

O princípio da proporcionalidade[8] permite, inclusive, comparar a importância da realização do fim e a intensidade da restrição aos direitos fundamentais em questão.[9] Em direito penal, é sempre necessário avaliar o grau de importância da proteção de um bem jurídico específico e, de outro lado, a intensidade da restrição dos direitos fundamentais do acusado, como o direito à liberdade, exigindo do Poder Judiciário um rigoroso controle da atividade legislativa.

Porém, vê-se que o Judiciário tem se limitado a analisar a proporcionalidade apenas nesse aspecto mais evidente, ou seja, no equilíbrio entre a gravidade do comportamento e a sanção penal correspondente. Mas, quanto ao corte social representado pela criação de mecanismos legais que afastam a incidência da norma penal em certos crimes, como o princípio da insignificância, são poucas as reflexões.[10]

A interpretação doutrinária do tema, vale ressaltar, não é pacífica, e desperta discussão no âmbito da teoria do delito, especialmente voltada para a

---

[8] Com relação ao recurso à ponderação e à proporcionalidade pelo STF, cf. Afonso da Silva (2002:23-50, 2003:607-630).
[9] Trata-se da proporcionalidade em sentido estrito, ao avaliar se as vantagens causadas pela promoção do fim são proporcionais às desvantagens causadas pela adoção do meio. Se a valia da promoção do fim corresponde à desvalia da restrição causada. Ávila (2006:160).
[10] Nesse sentido, a partir das discussões da Adin 3.112-1/DF, DJ 2-5-2007, ver Bottini (2010:291 e segs.).

inserção da insignificância como fator de exclusão da tipicidade, da antijuridicidade, ou de afastamento da necessidade de pena. Todas as posições acarretam consequências processuais distintas, e também dialogam com a própria estrutura do delito.

Esta discussão, isoladamente, já evidencia a polêmica e a relevância do tema. Isto porque muito do que se afirma na doutrina, especialmente em artigos específicos sobre o tema, baseia-se em uma seleção amostral da jurisprudência ou no comentário de casos específicos, por meio da seleção de julgados que mais se aproximem da tese defendida sem que, no entanto, seja possível confirmar que a análise realizada seja compatível com a tendência de julgamento dos Tribunais Superiores.

Análise das decisões do STF

Apresentação e objetivos da pesquisa realizada

Assim, o princípio da insignificância é o critério de aferição de atipicidade material de uma conduta, em virtude da ofensa irrelevante ou inexistente ao bem jurídico protegido. Com isto quer-se dizer que, apesar de a conduta criminosa adequar-se formalmente ao tipo penal, o resultado é insignificante, justificando a desnecessidade teleológica de punição.

Não há previsão legal do princípio da insignificância, o que enseja o protagonismo do Judiciário na construção legal do conteúdo desse princípio, com especial enfoque para a atuação do STF, que progressivamente vem reconhecendo a incidência da insignificância para afastar a classificação de um fato da realidade como crime. Tendo em vista o especial destaque da jurisprudência para a construção de critérios de análise da incidência do princípio da insignificância, pode-se citar como marco o Habeas Corpus nº 84.412, DJ 19-11-2004 de relatoria do ministro Celso de Mello.

O caso em questão abordava a ocorrência de um furto de R$ 25,00, dando ocasião ao estabelecimento dos seguintes critérios para aplicação do referido princípio: (i) a mínima ofensividade da conduta do agente, (ii) nenhuma periculosidade social da ação, (iii) reduzidíssimo grau de reprovabilidade do comportamento e (iv) inexpressividade da lesão jurídica provocada. Este é o acórdão "paradigma" a partir do qual a jurisprudência consolidou-se.

Um marco legislativo que também serviu de norte para dar conteúdo à insignificância nos crimes fiscais foi a Lei nº 11.033/2004, alterando o art. 20 da Lei nº 10.522/2002,[11] através da determinação do arquivamento de autos de execução fiscal cujo valor da dívida fosse inferior a R$ 10.000,00 (dez mil reais). Com isto passou-se a associar o desinteresse da União na cobrança destes débitos com o princípio da insignificância no plano do direito penal, concernente aos crimes fiscais e contra a administração pública. Todavia, não há qualquer previsão legal semelhante para outras espécies criminosas, cujo bem jurídico seja o patrimônio: furto, estelionato etc., o que justifica uma discrepância no critério objetivo do *valor* para a aplicação do princípio em questão.

Portanto, o escopo do estudo empírico apresentado nos tópicos subsequentes foi analisar os julgados do STF envolvendo o princípio da insignificância no período de 2005 a 2009, mapeando os critérios e argumentos da Corte na aplicação do princípio analisado.[12]

Metodologia

Primeiramente, determinaram-se o espaço amostral e os parâmetros de seleção dos acórdãos que iriam compor o banco de dados. Quanto ao espaço amostral:

---

[11] "Art. 20. Serão arquivados, sem baixa na distribuição, mediante requerimento do Procurador da Fazenda Nacional, os autos das execuções fiscais de débitos inscritos como Dívida Ativa da União pela Procuradoria-Geral da Fazenda Nacional ou por ela cobrados, de valor consolidado igual ou inferior a R$ 10.000,00 (dez mil reais)." (Redação dada pela Lei nº 11.033, de 2004.)

[12] Trata-se da pesquisa intitulada "O princípio da insignificância nos crimes contra o patrimônio e contra a ordem econômica: análise das decisões do Supremo Tribunal Federal", vinculada ao Departamento de Direito Penal, Medicina Forense e Criminologia da Faculdade de Direito da USP, coordenada pelo professor doutor Pierpaolo Cruz Bottini e realizada pelos seguintes pesquisadores: Ana Carolina Carlos de Oliveira, Daniela de Oliveira Rodrigues, Douglas de Barros Ibarra Papa, Priscila Aki Hoga e Thaísa Bernhardt Ribeiro, contando com a consultoria da professora Maria Tereza Sadek e o financiamento da Fundação de Amparo à Pesquisa do Estado de São Paulo (Fapesp).

todos os *julgados* do STF referentes ao resultado da expressão "princípio da insignificância" no período de 1º de janeiro de 2005 a 31 de dezembro de 2009, disponíveis na pesquisa de jurisprudência do STF. O marco inicial foi delimitado pela edição da Lei nº 11.033/2004, que alterou a Lei das Execuções Fiscais, contribuindo para a consolidação do princípio em âmbito jurisprudencial. Já o marco final da pesquisa foi delimitado tanto para a construção da amostra estatística relevante (cinco anos), como para alcançar eventuais julgados ainda não publicados até 2009.

Quanto ao parâmetro de seleção: a não utilização de outras expressões como "crime de bagatela", "princípio bagatelar" etc. justificou-se pela necessidade de evitar referências indiretas que apenas tocam marginalmente o conteúdo do princípio. Já a referência direta ao "princípio da insignificância" aponta situações nas quais realmente se discute o conteúdo concernente ao objeto principal do tema sob análise, como o grau de afetação ao bem jurídico.

Em um segundo momento foi realizado o questionário, após diversos testes, com vistas a determinar os elementos empíricos ou variáveis relevantes ao estudo: tipo penal, faixa de valor, tribunal de origem, órgão de defesa, espécie processual, data da decisão, principais argumentos utilizados para concessão ou não concessão, perfil das turmas de julgamento, bens, natureza da vítima (pessoa física, administração pública etc.). Os dados obtidos foram, em uma fase final, recombinados com a finalidade de verificar as influências e a interação das variáveis expressadas, por exemplo, pelo cruzamento dos elementos tipo penal e faixa de valor ou entre o provimento e a data de decisão.

A fase seguinte foi a de leitura e novo recorte do espaço amostral. O total de julgados obtidos inicialmente de 108 acórdãos posteriormente foi reduzido a 75, em virtude da exclusão de crimes ambientais ou relacionados ao tráfico de drogas. Seguiu-se a subdivisão em dois grandes grupos: o primeiro referente aos crimes patrimoniais comuns e o segundo contendo os crimes fiscais/contra a administração pública, ou seja, o recorte foi feito tendo em vista a verificação do efeito do parâmetro apresentado pela Lei de Execuções Fiscais.

O primeiro grupo foi composto pelos tipos penais contidos nos arts. 155, 157, 168, 169 e 171 do Código Penal, e 240 e 241 do Código Penal Militar, ou seja, os delitos que *não têm* por base o critério objetivo do valor inserido na Lei de Execuções Fiscais. Já o segundo grupo, dos *crimes fiscais/contra a administração pública*, foi conformado pelos tipos representados nos arts. 1º, 2º e 3º da Lei nº 8.137/1990 e os arts. 313, 316, 317, 334 e 337-A do Código Penal. Os tipos que potencialmente teriam sofrido o impacto da alteração na Lei nº 10.522/2002.

Os dados foram tabelados pelo estatístico Fernão Dias de Lima, realizando-se, através do Programa SPSS for Windows, o qual produziu as tabelas, com base nas quais foram construídos os gráficos e elaboradas algumas das conclusões a seguir apresentadas, com o escopo primordial de analisar o tratamento jurisprudencial do princípio da insignificância.

A evolução do número de casos entre 2005 e 2009

A partir dos dados obtidos, pode-se verificar tanto a progressão do número de casos apresentados ao STF cujo princípio da insignificância foi objeto de alegação quanto a progressão do reconhecimento pelo STF do princípio da insignificância para fins de afastamento do fato típico e absolvição do acusado. Isto demonstra a aceitação jurisprudencial do princípio em questão como um referencial para a resolução de conflitos penais, mesmo na ausência de previsão legislativa.

Ademais, o implemento da concessão do provimento solicitado para fins de absolvição em virtude da insignificante afetação ao bem jurídico revela o inegável avanço da política criminal como um critério de decisão ao lado dos ascéticos modelos puramente dogmáticos. A insignificância revela, primordialmente, o impacto social de determinada conduta tipicamente criminosa, que uma vez reduzido ou ausente não pode justificar uma incriminação penal, ou seja, verifica-se uma abertura dogmática para a análise teleológica da punição.

O primeiro gráfico abaixo aponta a progressão da *alegação* do princípio da insignificância. Enquanto em 2005 apenas dois casos trouxeram a julgamento o princípio, em 2009 foram 38 casos. Verifica-se o significativo aumento de 95% no número de casos alegando insignificância em quatro anos. Ademais, do total analisado de 75 acórdãos, 62 deles estão concentrados em 2008 e 2009, e 13 casos são dos anos anteriores, ou seja, 83% dos casos analisados concentram-se no curto espaço dos dois anos finais. Estes números revelam a relevância e expressividade que o princípio da insignificância vem assumindo no cenário jurisprudencial.

O mesmo impacto numérico pode ser observado nos valores referentes à concessão ou adesão do STF à tese da insignificância. No ano de 2004, o único caso a apresentar o argumento da insignificância não obteve êxito, o que corresponde a 100% de não concessão nesse ano. Nos anos seguintes, 2005 e 2006, houve concessão em 50% dos casos, o percentual de concessão foi equivalente ao de não concessão. Já em 2007 o percentual de concessão passa a ser superior: 66% dos casos, números mantidos em 2008.

Gráfico 1 | Progressão de casos alegando insignificância, 2004-2009

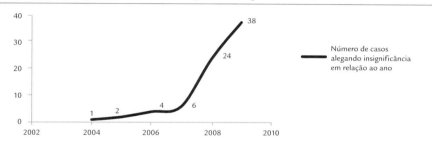

Gráfico 2 | Evolução do reconhecimento do princípio da insignificância entre 2004 e 2009 (em números absolutos)

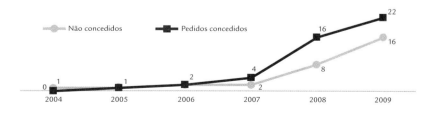

Destaca-se que, comparando os anos de 2004 e 2009, houve um aumento de 83% no número de casos alegando o princípio da insignificância e, concomitantemente, houve um aumento de 66% no percentual de concessão. Há, portanto, um avanço jurisprudencial significativo e a tese do princípio da insignificância encontra um espaço cada vez maior.

A importância do habeas corpus

Gráfico 3 | Reconhecimento da insignificância de acordo com a espécie processual (em números absolutos)

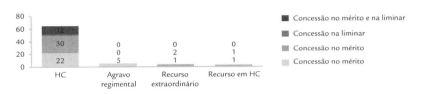

Dos dados empíricos colhidos também é possível observar o grande relevo que possui o instrumento do *habeas corpus* para levar a discussão do princípio da insignificância ao STF, em face dos demais recursos (Agravo Regimental, Recurso Extraordinário, Recurso Ordinário Constitucional). Entre os 75 casos analisados, 86% das alegações foram por via de *habeas corpus*. Esse número torna-se ainda mais expressivo se analisado perante o referencial da concessão: dos 45 casos de reconhecimento do princípio da insignificância, 42 deles foram discutidos em HC, o que revela um percentual esmagador de 93% de concessão em *habeas corpus*.

Estes dados podem ser interpretados de duas formas: primeiramente, pelo grau de afinidade que o instrumento recursal possui em relação à tese da insignificância, ou seja, por meio do *habeas corpus* pode ser discutida qualquer restrição ilegal à liberdade de ir e vir. Uma vez que o princípio da insignificância vem afastar a possibilidade de enquadrar determinado fato na categoria de crime, isto torna, ainda que indiretamente, injusta a prisão efetuada. Em contrapartida, uma argumentação em sede de recurso extraordinário, por exemplo, já teria maior complexidade, até mesmo em virtude dos requisitos necessários ao recurso: repercussão geral, divergência jurisprudencial, matéria constitucional. Portanto, um segundo aspecto a ser considerado é a maior facilidade de acesso ao STF por meio do instrumento do *habeas corpus*.

A importância da Defensoria Pública

Primeiramente foi analisada a evolução no número de alegações do princípio da insignificância no STF, acompanhada do progresso na recepção do mesmo princípio pela Corte Constitucional. Posteriormente, observou-se o instrumento processual de maior procedência das argumentações: *habeas corpus*. Agora é momento da análise de outra variável, que também trouxe resultados significativos: o órgão titular da defesa, quando da alegação de insignificância.

Neste critério, os dados colhidos pela pesquisa empírica revelaram uma ampla primazia da Defensoria Pública, tanto da União, como estadual,[13] na qualidade de órgão responsável pelo maior número de casos com discussão do princípio da insignificância, bem como de concessão por esta alegação. Dos 75 casos analisados, 82,7% tiveram a defesa realizada pela Defensoria Pública, obtendo êxito em 65% desses casos, contra um índice de reconhecimento de 38% dos processos defendidos por advogados particulares.

Vale destacar que pela distinção de natureza entre os diversos casos, bem como em razão do espaço amostral, estes dados não revelam maior ou menor *qualidade* na defesa. Em contrapartida, pode-se observar que o princípio da insignificância é, primordialmente, apresentado à discussão quando presente a Defensoria Pública.

---

[13] Segundo a Associação Nacional dos Defensores Públicos, a Defensoria Pública dos Estados tem atribuição para patrocinar a defesa de seus assistidos, nos processos originários da Justiça dos respectivos estados. Algumas já contam com escritório em Brasília, para facilitar esse acompanhamento. Atualmente, é o caso de São Paulo, Rio de Janeiro e Tocantins. A tendência é que outras defensorias de outros estados abram escritórios na capital federal.

Outro possível cruzamento de variáveis que traz um resultado surpreendente é, justamente, a análise da titularidade da defesa em relação ao tipo de crime (patrimoniais × fiscais/contra a administração pública). A princípio, seria possível imaginar uma maior atuação da Defensoria Pública em crimes patrimoniais, no entanto — como se pode observar do gráfico abaixo —, há um destacado *equilíbrio* na atuação do órgão defensivo entre os dois grupos criminais. Contudo, esses dados podem ser explicados em virtude da presença da Defensoria Pública nos casos de contrabando e descaminho, classificados na segunda categoria de crimes analisados.

Gráfico 4 | Titularidade da defesa em percentual

O uso do princípio da insignificância nos crimes patrimoniais e fiscais

O objetivo inicial do estudo empírico em tela está representado na análise das seguintes variáveis: tipo de crime, valor e concessão com base na insignificância. Isto porque, conforme já mencionado, considerou-se a Lei nº 11.033/2004 como marco temporal primordial para a investigação realizada. A Lei nº 11.033/2004 alterou o art. 20 da Lei nº 10.522/2002, estabelecendo o valor de R$ 10.000,00 (dez mil reais) para a suspensão das execuções fiscais. O objetivo, portanto, está em verificar o impacto desta disposição normativa na jurisprudência sobre o princípio da insignificância.

Um primeiro ponto a ser observado é a concessão do recurso em relação ao tipo de crime. Dos dados colhidos, observou-se que os crimes patrimoniais tiveram um valor de 52,2% de reconhecimento do princípio da insignificância, enquanto nos crimes fiscais/contra a administração pública o percentual de concessão alcançou 72,4%.

Esse maior percentual de concessão no segundo grupo de crimes analisados (crimes fiscais e contra a administração pública) indica uma correlação indireta com a Lei nº 10.522/2002, destacada pelo cruzamento com a variável valor. Observa-se uma distribuição uniforme e decrescente do segundo grupo de crimes na faixa de valor de R$ 200,00 (duzentos reais) a R$ 4.400,00 (quatro mil e quatrocentos reais), destacando-se que o percentual de concessão *não* varia segundo o critério valor para o grupo de crimes em estudo: 100% dos casos em que os bens estiveram na faixa máxima (R$ 4.001,00 a R$ 5.000,00 reais) lograram a concessão pelo princípio da insignificância.

Gráfico 5 | Percentual de incidência por faixa de valor

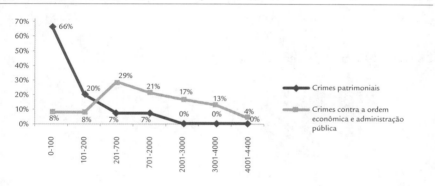

Gráfico 6 | Crimes contra a ordem econômica (percentual e números absolutos)

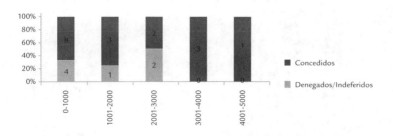

Conforme os dados acima apresentados, é possível a verificação de que o valor de R$ 10.000,00 (dez mil reais) estipulado pela Lei das Execuções Fiscais como mínimo para instauração e prosseguimento do processo de cobrança impacta a jurisprudência do STF, no que tange ao princípio da insignificância para os crimes fiscais. Em todos os casos estudados que apresentavam valor inferior ao teto estabelecido pela Lei nº 10.522/2002, o *valor* não foi o critério relevante para a concessão ou denegação dos pedidos, imperando critérios como reincidência, política criminal etc.

Fenômeno diverso pode ser observado nos crimes patrimoniais, enquanto 66% dos casos que apresentavam um valor inferior a R$ 100,00 (cem reais) obtiveram um percentual de concessão de aproximadamente 60%, a totalidade dos casos cujo valor excedia R$ 700,00 (setecentos reais) obteve a denegação da Corte Constitucional. Consoante o gráfico abaixo, vê-se que o valor, além de ser um critério relevante para a denegação do pedido, apresenta-se ínfimo em relação às quantias presentes nos crimes fiscais e contra a administração pública.

Gráfico 7 | Crimes patrimoniais (percentual e números absolutos)

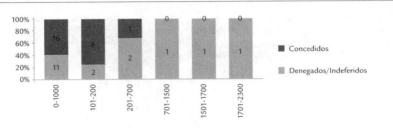

Gráfico 8 | Crimes contra a ordem econômica
(percentual e números absolutos)

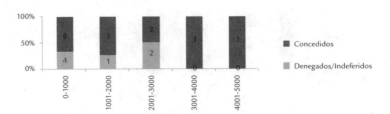

Argumentos utilizados pelas turmas

Gráfico 9 | Reconhecimento (em números absolutos)

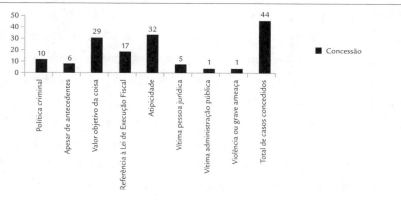

Gráfico 10 | Não reconhecimento (em números absolutos)

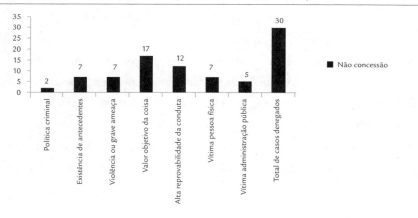

O princípio da insignificância foi construído doutrinariamente como um critério objetivo voltado à análise do *resultado* delito; no entanto, a jurisprudência construiu uma análise específica, dotada de múltiplos critérios para fundamentar a decisão sobre incidência ou não do princípio. Os principais critérios apontados pela jurisprudência do STF são os seguintes: política criminal, existência de antecedentes, violência ou grave ameaça, valor objetivo da coisa, alta reprovabilidade da conduta, capacidade da vítima (pessoa física ou jurídica), vítima administração pública, o art. 20 da Lei de Execução Fiscal e atipicidade.

Conclusões mais destacadas: reafirmação e desconstrução de alguns mitos sobre a insignificância no STF

Entre as muitas motivações que levaram este grupo de pesquisadores a investigar a aplicação do princípio da insignificância pelo STF, uma das principais foi averiguar a intensidade com que os julgados confirmavam a impressão — tanto de cidadãos como de juristas — de que o Poder Judiciário brasileiro aplica severamente a lei penal aos menos favorecidos, enquanto deixa livres os autores de delitos "dos poderosos" (Dias e Andrade, 1998:347-364).

Essa impressão a que nos referimos pode ser tida como bastante subjetiva, uma vez que alimentada por notícias eventuais, ou pela divulgação de alguns julgados mais emblemáticos.[14] Assim, a interpretação dos casos em que se aplica o princípio da insignificância, acreditamos, é capaz de revelar o modo como, na vivência prática do direito, essa diferenciação social acontece.

Conforme os resultados estatísticos até aqui apresentados, podemos afirmar que muitas destas impressões — de que há um tratamento diferenciado de acordo com os tipos de delito (sejam eles patrimoniais ou econômicos) — foram confirmadas no decorrer da pesquisa, mas muitos mitos também foram desconstruídos, especialmente na forma como alguns ministros do Supremo posicionam-se proativamente pelo reconhecimento do princípio da insignificância como paradigma válido de interpretação jurisprudencial, e como manifestação de um método de política criminal, como teremos oportunidade de observar.[15]

---

[14] Basta ver, por exemplo, a grande indignação despertada pela prisão em flagrante por crime ambiental do agricultor que retirou lascas do tronco de uma árvore para a preparação de um chá para sua esposa, por conter propriedades medicinais. Disponível em: <www.diariodecuiaba.com.br/detalhe.php?cod=9595>.
[15] Estas revelações indicam a necessidade de maiores estudos empíricos sobre a racionalidade julgadora do Poder Judiciário nacional, pois esses têm o condão de justamente desmistificar algumas ideias muito arraigadas no pensamento sobre o direito.

É punido, no Brasil, quem furta pote de margarina?

A resposta a esta questão indica um dos principais mitos desconstruídos pelo levantamento estatístico, e apresenta os matizes mais interessantes para o estudo dos julgados do STF. Não somente pelos julgados que pudemos observar, mas também pelas considerações que ficam implícitas a esta análise, como o motivo pelo qual o furto de uma barra de chocolate necessita chegar até a última instância do Poder Judiciário brasileiro para encontrar uma solução equilibrada.

Tipo de bem em relação ao tipo de provimento (percentual e números absolutos)					
	Não reconhecido	Mérito	Liminar	Mérito e liminar	Total por tipo de bem
Higiene pessoal	2	1	0	2	5
	40,0%	20,0%	0%	40,0%	100,0%
Animais	1	0	0	0	1
	100,0%	0%	0%	0%	100,0%
Alimentos/bebidas	1	3	0	2	6
	16,6%	50%	0%	33,3%	100,0%
Roupas	2	4	1	1	8
	25,0%	50,0%	12,5%	12,5%	100,0%
Objetos eletrônicos	6	2	0	0	8
	75,0%	25,0%	0%	0%	100,0%
Dinheiro	7	3	0	1	11
	63,6%	27,3%	0%	9,1%	100,0%
Outros	5	3	0	4	12
	41,6%	25,0%	0%	33,3%	100,0%
Total por tipo de provimento	18	19	1	9	44
	40,9%	43,2%	2,3%	20,5%	100,0%
Percentagens e total baseados nos respondidos					

Estatisticamente, pudemos observar que a posição do STF é bastante favorável à aplicação do princípio da insignificância nos casos de furto de alimentos. Entre todos os bens apurados nos delitos patrimoniais, os alimentos aparecem em terceiro lugar, representando 13,6% e, considerando-se apenas este grupo (alimentos), o Supremo reconheceu a insignificância em 83% dos casos, ou seja, na grande maioria dos casos de furto de alimentos, especialmente aqueles de muito pequeno valor, como as tão citadas barras de chocolate, o Supremo decretou o trancamento da ação penal ou a extinção da ação.

Os bens apurados nos delitos patrimoniais são bastante diversificados, sendo dinheiro em espécie o bem mais atingido por esses delitos (25%), seguido por aparelhos eletrônicos (aparelhos de celular em sua maioria) e roupas, que representam, ambos, 18,2%. Assim, é importante ressaltar que há grande pluralidade de bens objeto de crimes patrimoniais,[16] de modo que o índice de 13,6% é significativo no universo de delitos, especialmente se considerarmos que muitos bens surgiram apenas uma vez no grupo de acórdãos estudados e acabaram agrupados em uma categoria geral, para que fosse possível a apuração de resultados mais expressivos. Assim, o reconhecimento do princípio da insignificância em 83% dos furtos de alimentos pode ser considerado uma amostra fidedigna da forma como o Supremo avalia estes casos.

Dos 75 casos analisados na pesquisa, 44 representam crimes contra o patrimônio nos quais os relatores identificaram os bens (de 46 no total). Destes, 44, 6 referem-se ao furto de gêneros alimentícios e, dentro desse grupo, em apenas um caso houve a denegação do recurso, pelo não reconhecimento do princípio da insignificância.

Se voltarmos, portanto, à pergunta inicial que nos propomos, a resposta é negativa. A depender das decisões do STF, não há imputação de penas restritivas de liberdade, e muitas vezes nem a consideração de responsabilidade penal, quando se trata de delitos de bagatela envolvendo alimentos. Essa resposta, no entanto, não é alentadora para os diretamente envolvidos com a aplicação do direito penal. Isto porque aquele que furta alimentos, no Brasil, na grande maioria dos casos, é preso em flagrante e aguarda preso, em centros de detenção provisória, por uma decisão judicial favorável, como as observadas no STF.

É importante, portanto, que não se perca de vista o horizonte limitado de atuação do STF, uma vez que nem todos os casos bagatelares em que não foi aceita a alegação de insignificância são objeto de recurso para essa Corte. A julgar pelas considerações acima, pode-se sugerir a conclusão de que, no Brasil,

---

[16] Muitos deles entraram na categoria "outros", onde encontramos ferramentas, violão, brinquedo, maços de cigarro etc.

bagatelas não são punidas, pois a postura do STF tende para o reconhecimento equilibrado do princípio, ao menos nos delitos patrimoniais. Contudo, a quantidade de casos que chegam a esta instância pode ser um indicativo de que uma parcela muito reduzida de defensores tem condições de levar os casos ao STF, e pode também indicar o exacerbado interesse do Ministério Público em perseguir crimes de pouca relevância.

Se há um alto índice de reconhecimento da insignificância nos furtos de alimentos, por outro lado, a posição do STF é bastante diferente quando se trata dos delitos envolvendo dinheiro e objetos eletrônicos. Quando o delito envolvia objetos eletrônicos, o Supremo negou a insignificância em 75% dos casos, e em 63,6% dos delitos onde dinheiro foi o bem atingido.

Por fim, é válido ainda mencionar que há o reconhecimento da insignificância em casos envolvendo lesões corporais leves, porém verificamos a absoluta recusa na aplicação do princípio em casos de roubo — consumado ou tentado —, mesmo quando os bens subtraídos tenham sido R$ 11,00 e uma calculadora usada.[17]

Está preso, no Brasil, quem sonega impostos?

Foi a interpretação dos delitos econômicos que nos permitiu o recorte temporal mais preciso da pesquisa, como mencionamos anteriormente, ao possibilitar uma comparação mais objetiva do tratamento conferido aos crimes econômicos e patrimoniais a partir do referencial de 10 mil reais, indicado pela jurisprudência com base na Lei de Execuções Fiscais, alterada em dezembro de 2004.

Os principais delitos econômicos observados foram as condutas compreendidas no art. 1º da Lei nº 8.137/1990,[18] que contempla, principalmente, a

---
[17] Agravo regimental no RE nº 454.394/MG, de 1-3-2007.
[18] "Art. 1º. Constitui crime contra a ordem tributária suprimir ou reduzir tributo, ou contribuição social e qualquer acessório, mediante as seguintes condutas: (Vide Lei nº 9.964, de 10-4-2000): I — omitir informação, ou prestar declaração falsa às autoridades fazendárias; II — fraudar a fiscalização tributária, inserindo elementos inexatos, ou omitindo operação de qualquer natureza, em documento ou livro exigido pela lei fiscal; III — falsificar ou alterar nota fiscal, fatura, duplicata,

sonegação de impostos. Esse grupo representa 38,6% do total de casos analisados.

O reconhecimento do princípio da insignificância nos delitos econômicos supera largamente o índice de reconhecimento nos crimes patrimoniais, pois, ao considerarmos somente os casos de crimes contra a ordem econômica, verificamos que o STF aplicou o princípio em 72,4% dos casos, enquanto o índice de aplicação do princípio nos crimes contra o patrimônio é de 52,2%.

Essa diferença, no entanto, não está baseada no patamar de valores que esses delitos apresentam, mas na interpretação objetiva dos critérios geralmente suscitados pelos ministros para o reconhecimento do princípio da insignificância, que é o valor capaz de produzir uma lesão relevante ao bem protegido pela norma penal.

Como pudemos observar nos gráficos 7 e 8, há uma discrepância sensível entre os valores considerados insignificantes para os dois grupos de delitos analisados, e as colunas de concessão do recurso se invertem nos patamares acima de R$ 200,00, como também ilustra o gráfico 5. Tratando-se dos delitos patrimoniais, o valor máximo que identificamos é de R$ 2.300,00, que envolve apenas dois[19] dos 45 casos de crimes contra o patrimônio que chegaram ao conhecimento do STF no período analisado, e em nenhum dos dois houve o reconhecimento da insignificância.

Nos delitos econômicos, por sua vez, verificamos que grande parte dos casos tem valores compreendidos entre as faixas de R$ 1.000,00 e R$ 5.000,00 e, contrariamente aos delitos patrimoniais, os patamares de valor mais elevados têm maior sucesso no pleito pelo reconhecimento da insignificância, pois observamos que *todos* os recursos envolvendo casos situados entre R$ 3.000,00 e R$ 5.000,00 foram concedidos.

---

nota de venda, ou qualquer outro documento relativo à operação tributável; IV — elaborar, distribuir, fornecer, emitir ou utilizar documento que saiba ou deva saber falso ou inexato; V — negar ou deixar de fornecer, quando obrigatório, nota fiscal ou documento equivalente, relativa a venda de mercadoria ou prestação de serviço, efetivamente realizada, ou fornecê-la em desacordo com a legislação. Pena — reclusão de 2 (dois) a 5 (cinco) anos, e multa."

[19] HC 91.756/PA, relator ministro Eros Grau, trata de um caso de estelionato praticado por um oficial do exército que, sob o pretexto de auxiliar seus colegas no caixa eletrônico, transferia valores para sua própria conta corrente que, somados, alcançaram o valor de R$ 1.470,00; e HC 98.149/ES, relatora ministra Carmem Lucia, refere-se a tentativa de furto, por um soldado, de um laptop do quartel onde atuava, avaliado em R$ 2.229,00.

Ademais, 57% dos pedidos de reconhecimento da insignificância nos delitos econômicos que foram indeferidos possuíam valor menor que R$ 1.000,00 (mil reais), especialmente em razão de concentrarem-se nessa faixa de valor os crimes contra administração pública, como o crime de peculato (art. 312 do Código Penal), no qual não incide a Lei nº 10.522/2002.

O grau de concessão dos recursos destaca-se ainda mais nos delitos econômicos quando voltamos a atenção para os bens objeto dos delitos, capazes de demarcar com maior precisão os casos de sonegação de tributos dos demais delitos, pois nos casos em que o bem foi exclusivamente o tributo sonegado o índice de reconhecimento da insignificância é de 93,7%. Os tributos representam 77,7% dos casos.

A partir destas considerações, podemos confirmar as impressões comuns de que o STF isenta de responsabilidade penal a grande maioria (93%) dos autores de delitos de sonegação de impostos, a indicar a divergência de tratamento conferido quando comparados aos delitos patrimoniais.

Mas não só. O STF apresenta uma jurisprudência bastante uniforme ao tratar da insignificância nos delitos econômicos, tendo como principal referência o valor objetivo sonegado, comparando-o com o patamar estabelecido na Lei de Execuções Fiscais, ao passo que os argumentos utilizados pelos ministros nos votos proferidos em casos patrimoniais apresentam uma tendência maior de valorizar elementos subjetivos, como a conduta do agente, os antecedentes criminais e as circunstâncias nas quais o delito foi praticado.

Inconstância das decisões nos delitos patrimoniais

Como pudemos observar logo no início deste trabalho, a aceitação do princípio da insignificância no Brasil deve-se em grande parte aos esforços dos ministros do STF no debate desse tema. A incorporação do princípio na pauta dos tribunais nacionais possibilitou a correção de desequilíbrios e injustiças que não podem ser solucionados apenas através dos elementos fornecidos pela norma penal abstrata, pois permite uma resposta mais sensível do julgador diante do caso concreto.

Pudemos observar, no entanto, que a própria jurisprudência do Supremo parece estar ainda em formação, no que diz respeito a nosso tema de estudos, e acompanha a evolução do número de casos (que aumentam em uma curva acentuadamente ascendente, como demonstrou o gráfico 1).

Como consequência deste processo, especialmente no grupo dos crimes patrimoniais, tornou-se muito difícil identificar um padrão dentro do qual se distribuam os casos que são e que não são considerados insignificantes pelo Supremo.

Ora se reconhece a atipicidade de furto de valores como R$ 75,00,[20] R$ 20,00,[21] R$ 96,33,[22] R$ 220,00,[23] R$ 162,00 (HC 91. 065), R$ 60,00 (HC 94.439), R$ 7,00 (HC 95.174), R$ 25,00 (HC 92.946), R$ 54,00 (HC 93.388), R$ 100,00 (HC 92.743) e R$ 40,00 (96.813), ora se reconhece a incidência da norma penal em furtos de celular no valor de R$ 35,00[24] ou de gomas de mascar no valor de R$ 98,00,[25] sem que haja distinção fática apta a justificar as diferentes decisões.

A diferença no tratamento entre as duas categorias de crime fica ainda mais evidente ao observarmos os valores que foram considerados insignificantes nos delitos econômicos: R$ 227,00 (HC88771), R$ 455,00 (HC87478), R$ 511,00 (HC 94502), R$ 1.145,00 (HC 96976), R$ 1.470,00 (HC95749) e R$ 3.607,00 (HC 97927).

A divergência jurisprudencial no tratamento dos dois grupos de casos evidencia-se não somente no tocante ao valor dos bens, mas também com relação aos argumentos mais mencionados pelos ministros, o que fica evidente na análise dos gráficos 9 e 10. Nesses gráficos, podemos observar o maior número de argumentos invocados pelos ministros quando se decidem pelo reconhecimento da insignificância, se comparados ao menor número de argumentos de que se valem para negar os pedidos, de forma que muitas vezes o valor do objeto

---

[20] STF, HC 92634/PE, rel. min. Cármen Lúcia, j. 27-11-2007, Primeira Turma.
[21] STF, HC 92463/RS, rel. min. Celso de Mello, j.16-10-2007, Segunda Turma.
[22] STF, MC no HC 99054/RS, rel. min. Ricardo Lewandowski, j.13-5-2009.
[23] STF, HC103657, rel. min. Celso de Mello, j. 15-2-2011, Segunda Turma.
[24] STJ, HC 124904, rel. min. Jorge Mussi, j. 5-4-10.
[25] STF, HC 98944/MG, rel. min. Marco Aurélio, j. 4-5-2010, Primeira Turma.

é suficiente para recusar o princípio, mantendo-se a condenação penal, mas raras vezes é utilizado isoladamente para atestar a insignificância e afastar a pena.

Observa-se um esforço do Tribunal em justificar sua decisão absolutória à sociedade, colacionando no mesmo voto, por exemplo, elementos de política criminal — como a desproporção entre a pena e o delito praticado, a reparação do dano da vítima — e de teoria do delito — indicando a atipicidade. Entre os acórdãos que não reconhecem o princípio da insignificância, 93,1% são decididos por unanimidade, mas esse índice cai para 78,8% nos casos de aplicação do princípio, o que indica o maior grau de votos divergentes nas decisões absolutórias.

Conclusão

De todo o exposto, podemos concluir que houve uma mudança significativa do tratamento do princípio da insignificância pelo STF, que atuou decisivamente no reconhecimento desse mecanismo de interpretação da norma penal.

Observamos também que a grande maioria dos casos apreciados pelo Tribunal foram trazidos pela Defensoria Pública, em especial nos delitos patrimoniais, pela via do *habeas corpus*, a demonstrar a importância desse recurso constitucional e também a atuação relevante das defensorias na formação da jurisprudência mais favorável à correção de distorções de aplicação das sanções penais.

A diferença nas faixas de valores considerados insignificantes pelo Supremo é patente, ao compararmos os delitos patrimoniais e econômicos, a sugerir uma reprovabilidade distinta dos ministros em relação a esses dois grupos, apesar de se tratar de crimes de cunho eminentemente monetário, onde não há violência.

Por fim, ressaltamos também a dificuldade encontrada pelos ministros do STF em estabelecer critérios equilibrados e seguros na aplicação do princípio da insignificância, ora suscitando apenas elementos de ordem objetiva para reconhecer ou afastar o princípio, ora determinando subjetivamente, com argumentos que muitas vezes fogem da amplitude da discussão da insignificância — como a vida pregressa do agente, ou a sensação social de impunidade —, quais são os casos que merecem ou não a interpretação mais benéfica.

Referências

AFONSO DA SILVA, Virgílio. O proporcional e o razoável. *Revista dos Tribunais*, n. 798, p. 23-50, 2002.

_____. Princípios e regras: mitos e equívocos acerca de uma distinção. *Revista Latino-Americana de Estudos Constitucionais*, n. 1, p. 607-630, 2003.

ÁVILA, Humberto. "Neoconstitucionalismo": entre a "ciência do direito" e o "direito da ciência". *Revista Eletrônica de Direito do Estado (Rede)*, Salvador, n. 17, jan./mar. 2009. Disponível em: <www.direitodoestado.com/rede.asp> Acesso em: 1º nov. 2011.

_____. *Teoria dos princípios*: da definição à aplicação dos princípios jurídicos. São Paulo: Malheiros, 2006.

BARBOSA JÚNIOR, Salvador José; FRANZOI, Sandro Marcelo Paris; MORGADO, Nara Cibele Neves. Breves anotações do princípio da insignificância. *Revista IOB de Direito Penal e Processual Penal*, São Paulo, ano VII, n. 41, p. 28-41, dez./jan. 2007.

BARCELLOS, Ana Paula de. Neoconstitucionalismo, direitos fundamentais e controle das políticas públicas. *Revista Diálogo Jurídico*, Salvador, n. 15, p. 31-60, jan./mar. 2007.

BARROSO, Luís Roberto. Neoconstitucionalismo e constitucionalização do direito: o triunfo tardio do direito constitucional no Brasil. *Jus Navigandi*, Teresina, ano 10, n. 851, 1º nov. 2005. Disponível em: <http://jus.com.br/revista/texto/7547>. Acesso em: 1º nov. 2011.

BOTTINI, Pierpaolo Cruz. O paradoxo do risco e a política criminal contemporânea. In: MENDES, Gilmar Ferreira; BOTTINI, Pierpaolo Cruz; PACELLI, Eugênio (Coord.). *Direito penal contemporâneo*: questões controvertidas. São Paulo: Saraiva, 2011. p. 109-134.

_____. O princípio da proporcionalidade na produção legislativa brasileira e seu controle judicial. *Revista Brasileira de Ciências Criminais*, São Paulo, ano 18, n. 85, p. 267-296, jul./ago. 2010.

CARBONELL, Miguel et al. *Neoconstitucionalismo(s)*. Madrid: Trotta, 2009.

DALBORA, José Luis Guzmán. La insignificancia: especificación y reducción valorativas en el ámbito de lo injusto típico. *Revista Brasileira de Ciências Criminais*, São Paulo, ano 4, n. 14, p. 41-82, abr./jun. 1996.

DIAS, Jorge Figueiredo; ANDRADE, Manuel da Costa. Sobre a concepção e os princípios do direito penal económico: notas a propósito do colóquio preparatório da AIDP. *Direito penal económico e europeu*: textos doutrinários. Coimbra: Coimbra, 1998. v. I, Problemas Gerais, p. 347-364.

FERNÁNDEZ, Gonzalo. *El bien juridico y el sistema del delito*. Montevideo; Buenos Aires: BdeF; Euros, 2004.

HEFENDEHL, Roland. *La teoria del bien jurídico*. ¿Fundamento de legitimación del derecho penal o juego de abalorios dogmático? Madrid: Marcial Pons, 2007.

POLAINO NAVARRETE, Miguel. *El injusto típico en la teoría del delito*. Buenos Aires: Mario A. Viera Ed., 2000.

PRADO, Luiz Regis. *Bem jurídico-penal e Constituição*. São Paulo: Revista dos Tribunais, 2010.

ROXIN, Claus. *Derecho penal. Parte general*. Madrid: Civitas, 1997. Tomo I. La estructura de la teoría del delito.

_____. *La evolución de la política criminal, el derecho penal y el proceso penal*. Valencia: Tirant lo Blanch, 2000.

SADEK, Maria Tereza. Judiciário: mudanças e reformas. *Revista Estudos Avançados*, São Paulo, v. 18, n. 51, p. 79-101, maio/ago. 2004.

SANCHÍS, Luis Prietro. Neoconstitucionalismo y ponderación judicial. In: CARBONELL, Miguel (Org.). *Neoconstitucionalismo(s)*. Madrid: Trotta, 2009. p. 123-158.

VIANNA, Luiz Jorge Werneck et al. *A judicialização da política e das relações sociais*. Rio de Janeiro: Revan, 1999.

VICO MAÑAS, Carlos. *O princípio da insignificância como excludente da tipicidade no direito penal*. São Paulo: Saraiva, 1994.

CAPÍTULO 5
Trajetórias de mulheres incriminadas por aborto no Tribunal de Justiça do Estado do Rio de Janeiro: uma análise a partir dos atores e dos discursos do sistema de Justiça Criminal

JOSÉ RICARDO CUNHA
RODOLFO NORONHA
CAROLINA ALVES VESTENA

Direitos humanos, Poder Judiciário e sociedade: olhares empíricos sobre o sistema de Justiça a partir dos direitos humanos

O Grupo Direitos Humanos, Poder Judiciário e Sociedade (DHPJS)[1] construiu uma trajetória de investigações acerca do sistema de Justiça Criminal a partir do ponto de vista dos direitos humanos. Foi criado com o objetivo de ampliar o campo de pesquisas empíricas sobre o direito e as instituições de Justiça, seus agentes e discursos. O grupo reúne professores, pesquisadores, mestrandos, doutorandos e graduandos de diversos cursos — FGV Direito RIO, Uerj, UFF, PUC-Rio, Universidade Estácio de Sá (Unesa) e Universidade Candido Mendes

---

[1] O Grupo Direitos Humanos, Poder Judiciário e Sociedade é vinculado ao Programa de Mestrado em Direito da Universidade do Estado do Rio de Janeiro (Uerj). O grupo existe desde 2004 e conta com pesquisadores de diversas universidades do Rio de Janeiro, da graduação e da pós-graduação (mestrado e doutorado). Mais informações podem ser encontradas no blog do grupo: <http://humanoejusto.blog.br>.

(Ucam), entre outros. O primeiro objetivo do grupo foi observar a formação dos agentes judiciais para a utilização de normativas internacionais de direitos humanos, uma vez que esses documentos são considerados as referências positivadas para a consolidação de direitos por meio do Poder Judiciário.

Partindo desses pressupostos, o grupo realizou uma longa pesquisa que abarcou os principais agentes do sistema de Justiça. Os primeiros entrevistados foram juízes e desembargadores, em seguida, entidades da sociedade civil (ONGs), até a última fase, que consistiu na replicação dos questionários com promotores e defensores públicos mais recentemente, nos anos de 2009 e 2010.

Essas três fases de pesquisa ofereceram aportes para a construção de um amplo diagnóstico a respeito do Poder Judiciário no estado do Rio de Janeiro. As análises produzidas a partir dos dados coletados foram publicadas em diferentes veículos acadêmicos e demonstraram a baixa utilização das normativas internacionais por todos os agentes do sistema de Justiça.[2] As análises dos dados sobre defensores e promotores ainda são preliminares, mas seguem a mesma direção das observações já realizadas sobre os demais agentes do sistema de Justiça. Cabe apresentar brevemente as três fases de investigação.

Na primeira fase da pesquisa, o olhar foi direcionado às cortes judiciais. Juízes (comarca da capital) e desembargadores (TJRJ) foram entrevistados por meio de questionários estruturados a fim de levantar informações a respeito do conhecimento e aplicação de normas internacionais de direitos humanos por esses agentes. A segunda fase da pesquisa buscou investigar como os demandantes e militantes de direitos humanos organizavam-se para a litigância judicial em diversas temáticas. Foram entrevistadas, por meio de seus representantes, 36 organizações não governamentais (ONGs) inscritas na Associação Brasileira de Organizações não Governamentais (Abong), com sede na cidade do Rio de Janeiro. A pesquisa também foi realizada por meio de questionário estruturado, com perguntas fechadas, que reproduziam, na medida do possí-

---

[2] O DHPJS estudou concepção, formação e atuação em direitos humanos de juízes (primeira fase) e desembargadores (segunda fase) do Tribunal de Justiça do Rio de Janeiro (TJRJ), comarca da capital. Os resultados das duas primeiras fases da pesquisa (realizada no período de quatro anos) se transformaram em diversos produtos já consolidados e publicados, como: Cunha et al. (2003); Cunha, Diniz e Garrido (2005); Cunha, Werneck e Garrido (2006); e Cunha et al. (2008).

vel, questionamentos semelhantes às fases anteriores. As perguntas procuraram levantar informações sobre a utilização das normas de direitos humanos, utilização das convenções internacionais e formação e conhecimento das entidades da sociedade civil nessas áreas. Também houve questões com o objetivo de identificar as impressões sobre o sistema de Justiça e sobre a estrutura disponível para a atuação nas cortes.

Os dados encontrados trouxeram questões relevantes para a discussão acerca da atuação em direitos humanos. Percebe-se que, mesmo que considerem as cortes como um espaço crescente de litigância e busca por efetivação de direitos, as ONGs ainda pouco o exploram em sua prática. Assim, é possível avançar sobre o diagnóstico acerca dos caminhos e instrumentos de defesa dos direitos humanos levantados na observação da expansão judicial, seja no âmbito local ou internacional.

A terceira e última fase da pesquisa sobre os agentes do sistema de Justiça centrou-se na atuação de promotores de Justiça e defensores públicos. A mesma metodologia de questionários estruturados foi replicada em uma pesquisa censitária com esses agentes. Os dados são bastante complexos, uma vez que é possível levantar informações comparativas entre os dois grupos e perceber algumas contradições discursivas comuns à aplicação de questionários diretamente aos agentes. De toda forma, mesmo com algum avanço perceptível, especialmente dos defensores na utilização de normas internacionais para a promoção de direitos humanos, pode-se concluir que este processo ainda é pouco significativo e sistemático no interior das instituições de Justiça.

Fechado esse ciclo de pesquisas, em 2010 o grupo foi procurado pelo Ipas Brasil[3] para o desenvolvimento de uma pesquisa sobre aborto. A Ipas Brasil, em 2008, conduziu pesquisa sobre o tratamento recebido pelas mulheres em casos de abortamento previsto em lei. Parte de uma pesquisa de escopo mais amplo — "Magnitude do aborto no Brasil: aspectos epidemiológicos e socioculturais" —, essa frente procurava identificar como as mulheres vítimas de violência se-

---

[3] A Ipas Brasil é uma organização não governamental que realiza práticas de *advocacy*, formação e educação em direitos sexuais e reprodutivos no Brasil. Em julho de 2011, suas atividades foram transferidas para outra ONG independente, a Ações Afirmativas em Direito e Saúde (Aads). Mais informações podem ser encontradas no site: <www.aads.org.br/wp/>. Acesso em: 15 nov. 2011.

xual eram recebidas pelos serviços públicos de saúde, além de seu perfil socioeconômico e outras informações subsidiárias.[4] Essa pesquisa não colocava o sistema de Justiça no centro da observação, mas suas conclusões aguçaram a curiosidade sobre como ocorria o processo de incriminação das mulheres por aborto justamente nos casos não autorizados pela lei.

Uma vez recebido o convite para construir um desenho de pesquisa que analisasse a incriminação penal pelo aborto, concluiu-se que essa pesquisa deveria seguir a perspectiva de observação da mulher, primeiro, como autora do crime de aborto e, segundo, como sujeito submetido à atuação criminalizante do sistema de Justiça diante dos próprios problemas intrínsecos a ele. Aceito o convite, o grupo iniciou o desenvolvimento da metodologia específica de pesquisa e procurou identificar quais os tipos de fontes que ofereceriam dados significativos sobre o tema.

Como será exposto a seguir, optou-se pela observação das narrativas e dos discursos envolvidos nos processos judiciais. Essa opção metodológica se justifica pela possibilidade que os processos oferecem de coleta de dados muito ricos sobre as trajetórias das próprias mulheres ao ingressarem no sistema da Justiça, desde as motivações subjetivas que as levaram a realizar o aborto, bem como suas reações ao processo, até os discursos explicitados pelos agentes oficiais no processo de julgamento dos casos. Realizar entrevistas com as mulheres, metodologia anteriormente utilizada em pesquisas do grupo, não pareceu uma estratégia prática, principalmente pela dificuldade em localizar as mulheres e de construir uma relação de confiança que as levasse a relatar um episódio certamente doloroso de suas vidas. Por outro lado, metodologicamente, a observação dos processos nos traria dados válidos e confiáveis sobre o próprio processamento no interior do sistema de Justiça. Por meio dos processos judiciais, foi possível descrever o fluxo de incriminação das mulheres, os agentes envolvidos, os argumentos mais relevantes, as contradições no próprio conteúdo das peças judiciais, além da análise aprofundada sobre o papel social conferido à mulher na atividade incriminadora do Judiciário. Ademais,

---

[4] Mais informações em: <www.aads.org.br/arquivos/Biografia2008.pdf>. Acesso em: 22 nov. 2011.

a opção pela observação dos discursos dos agentes no sistema de Justiça traz uma abordagem interdisciplinar que envolve a interseção entre os campos da antropologia e do direito. Sendo este um novo desafio assumido pelo grupo, os principais resultados dessa pesquisa, bem como sua construção metodológica, serão apresentados neste trabalho.

Construindo o campo: mulheres incriminadas por aborto no TJRJ

Para compreender o fenômeno da criminalização das mulheres por crime de aborto, duas abordagens foram utilizadas na condução da pesquisa. Tais abordagens, por sua vez, desdobraram-se em estratégias distintas, envolvendo pesquisa empírica (análise dos discursos nos processos) e pesquisa teórica (revisão de textos e debates teóricos sobre o tema).

O primeiro passo foi o de definição dos contornos do fenômeno. A circunscrição do fenômeno foi desenhada a partir de dados quantitativos sobre a incidência do tipo de crime previsto no art. 124 do Código Penal: "Provocar aborto em si mesma ou consentir que outrem lho provoque". Esse tipo foi selecionado, pois é aquele que distingue exclusivamente a mulher como agente da atividade criminosa. Os demais crimes relacionados ao aborto de nosso sistema penal permitem a incriminação de outros agentes como médicos e auxiliares de saúde. Assim, passamos à definição da dimensão do fenômeno e suas configurações. Foi localizado o setor que lida com as estatísticas de processos junto ao TJRJ.[5] Assim, os dados quantitativos foram acessados e nos ofereceram a dimensão do fenômeno dentro do tribunal. Esse contato com o setor de dados nos permitiu também localizar os processos por número, tanto na comarca da capital (o que depois foi fundamental para a coleta desses processos) quanto nas demais comarcas do estado (o que nos auxiliou a montar um quadro geral do fenômeno).

---

[5] O Conselho Nacional de Justiça (CNJ) tem estabelecido uma agenda de quantificação do sistema de Justiça no Brasil, com a intenção de dar transparência às instituições. Isso em muito pode ajudar o pesquisador dedicado a entender mais os processos que permeiam essas instituições, mas este acesso aos dados não foi automático: o website do tribunal não auxilia a se chegar ao setor responsável. Nestas estratégias, foi de fundamental importância a presença de membros da Defensoria Pública do Estado do Rio de Janeiro no grupo de pesquisa.

Levantado o panorama dos casos, a segunda estratégia foi a realização de entrevistas com operadores do Tribunal do Júri (TJ).[6] Essas conversas não atingiram a totalidade de juízes e agentes envolvidos nas comarcas nas quais os processos foram reunidos, mas serviram para a construção de uma abordagem condizente com as práticas desses agentes. Foram entrevistados de forma livre dois juízes, um membro da Defensoria Pública, um membro do Ministério Público e uma oficial de cartório, todos lotados em Tribunais do Júri do TJRJ, comarca da capital. A última etapa da pesquisa empírica, em sua fase preparatória, foi a coleta dos processos em si.

O segundo tipo de abordagem da pesquisa foi a leitura e discussão de bibliografia que lida com temas correlatos ao objeto de estudo: feminismo, criminologia e metodologia aplicada a um campo tão diverso como o desta pesquisa. As duas abordagens — empírica e teórica — ocorreram concomitantemente, ou seja, foi montada uma agenda quinzenal de discussões de textos, com componentes do grupo responsáveis pela apresentação de cada um deles nos encontros. Em paralelo, os dados foram coletados junto ao TJRJ, e as semanas alternadas às reuniões quinzenais foram dedicadas à leitura dos processos e à extração de elementos que, junto ao diálogo com os textos, transcrevessem o processo discursivo de incriminação penal. O processo de análise empírica conjunta com revisão bibliográfica promoveu uma dialética interessante na análise dos dados. Permitiu que as ideias e hipóteses levantadas fossem sendo confirmadas ou redesenhadas na medida em que a leitura e a reflexão sobre o discurso iam ocorrendo. Este "método cruzado" nos permitiu tanto comentar sobre os textos enquanto líamos os processos, quanto o oposto, comentar sobre os processos nos encontros em que o grupo discutia os textos.

Assim, nos itens seguintes do trabalho descreveremos como transcorreu cada etapa. A primeira parte será a teórica, para demonstrar o quadro geral de ideias debatidas até o momento. Em seguida, descreveremos os dados empíricos quantitativos, delimitando o problema no estado do Rio de Janeiro e na co-

---

[6] O crime de aborto, art. 124 do Código Penal, é tido como um crime doloso (com a intenção de provocar o resultado) contra a vida; segundo o direito processual penal brasileiro, esses crimes são julgados por órgão próprio, pertencente ao Tribunal do Júri (TJ) do estado, presidido por um juiz, mas composto por membros da sociedade.

marca da capital. Logo depois descreveremos o processo de leitura e discussão sobre os casos, com nossas percepções sobre o fenômeno.

A abordagem teórica: montando um quadro de análise

Para equipar os pesquisadores envolvidos com a análise dos casos, preparamos uma agenda de discussões que envolvia todo o grupo acerca de temas correlatos ao objeto da pesquisa — mulheres incriminadas por aborto. Como já alertamos, a pesquisa não procura compreender o aborto em si, muito menos realizar uma análise sobre o tema do ponto de vista dogmático, o que nos levaria, por exemplo, à preocupação entre a relação das normas constitucionais e infraconstitucionais que lidam com temas e princípios ligados à discussão — direito à vida, dignidade da pessoa humana etc. Também não realizamos uma abordagem do ponto de vista sociológico/antropológico, como poderia ser uma pesquisa que buscasse traçar o perfil das mulheres que abortam, ou que tentasse estabelecer as causas para que uma mulher recorra a esse procedimento. Não se trata, ainda, de uma pesquisa mais ampla sobre os diversos atores envolvidos no aborto, ou seja, não nos interessam o médico que conduzia o procedimento, nem os funcionários da clínica, ou as implicações ligadas aos demais métodos abortivos (remédios — caseiros ou não — etc.). Trata-se de uma pesquisa focada na mulher em si, em sua passagem pelo sistema de Justiça Criminal, seu fluxo na Justiça.

Portanto, esta é uma pesquisa descritiva, que possibilita uma análise mais detida sobre fatos que ocorrem à mulher durante o processo judicial. Preocupa--nos não apenas o resultado jurídico desse processo, como as decisões tomadas ou medidas oferecidas, mas também por quais etapas passa uma mulher desde o momento em que é capturada pelo sistema de Justiça Criminal, a polícia, e colocada de volta na sociedade. Essas etapas não podem ser naturalizadas; é necessário problematizar cada passo para compreender melhor os sentidos atribuídos pelos diversos agentes, e mesmo pela mulher, a esta trajetória.

Becker (2007) chama a atenção para o fato de que ao olharmos para um objeto criamos representações sobre ele mesmo antes de realizar nossa pesquisa. Esse quadro mental orienta nossas ações: os livros que lemos, os lugares que frequentamos, as pessoas com as quais conversamos. Essas impressões formam o "mapa inicial", com o qual iniciamos uma viagem pelo objeto pesquisado. A relação entre sujeito e objeto nas ciências sociais é uma relação permeada por representações, muitas vezes prévias ao contato entre esses dois aparentemente separados polos. Se isso é verdade, então jamais podemos neutralizar totalmente essas representações, elas sempre atuarão no processo de pesquisa. Sua interferência poderá ser positiva, quando nos indica formas de aproximação como objeto, o que vamos ler, com quem iremos dialogar, que lugares precisaremos frequentar, mas também poderá ser negativa, quando nos influencia a adiantar conclusões, antes mesmo de realizar a investigação. Já que a formulação dessas primeiras impressões é inevitável, é melhor que essas representações sejam bem informadas: é importante coletar um bom número de informações sobre o objeto a ser estudado, bem como cercar-se de reflexões sobre ele para que este "mapa mental" indique caminhos precisos, minimizando os efeitos negativos acima destacados.

Desde o início de suas atividades, em 2004, o Grupo de Pesquisa Direitos Humanos, Poder Judiciário e Sociedade desenvolve encontros quinzenais a partir de uma agenda de textos. Normalmente, esses textos se relacionam com a pesquisa que está sendo desenvolvida no momento. No caso das pesquisas com agentes do sistema de Justiça, enquanto o grupo coletava dados empíricos sobre a percepção de juízes, organizações não governamentais, defensores e promotores públicos sobre o próprio papel e sua relação com direitos humanos, o grupo debateu textos relacionados à judicialização da política, teorias dos direitos humanos e teorias do direito. Para abordar a questão das mulheres incriminadas por aborto no TJRJ foi necessário montar outra bibliografia, que permitisse um olhar sobre o sistema de Justiça Criminal e sobre a mulher a partir da perspectiva dos direitos humanos.

Por isso a agenda de discussões que orientou a análise dos dados se aproximou de dois quadros principais: o primeiro foi caracterizado por análises do sistema de Justiça Criminal, que pode ser chamado de criminologia crítica, e o segundo, que pode ser delimitado em abordagens sobre o feminismo e os temas relacionados à luta por reconhecimento e por uma recolocação da mulher no cenário político e social do país. Esses dois quadros foram complementados por uma discussão metodológica que auxiliou na construção das categorias de análise a serem aplicadas aos dados.

Assim, ao mesmo tempo que os pesquisadores coletavam os processos e realizavam a leitura sistemática, o grupo discutia uma série de textos que auxiliaram na construção de um olhar sobre os próprios casos. Em cada encontro, um grupo de curadores apresentava o seminário e conduzia as discussões. No primeiro encontro, discutiu-se sobre a trajetória das questões feministas do ponto de vista político e jurídico, utilizando-se principalmente das reflexões de Rocha (2006), e a evolução da questão da mulher em face dos poderes Executivo e Legislativo e seu lento avanço no Poder Judiciário.

No encontro seguinte, as discussões passaram para as interseções entre as discussões da criminologia e o feminismo, com o texto de Baratta (1999). Depois do quadro geral das questões feministas, esse texto serviu para discutir como a mulher é vista pelo sistema de Justiça Criminal. A contribuição que o autor traz é demonstrar como as abordagens tradicionais da criminologia constroem uma visão da mulher como prioritariamente vítima, ou seja, também nesse aspecto é reproduzida sua posição submissa na família e na esfera privada. Baratta procura demonstrar como as instituições do estado (a escola, o Judiciário, o sistema prisional) reproduzem uma lógica de subalternização da mulher presente tradicionalmente em uma estrutura familiar arcaica. Contudo, quando a mulher realiza a atividade criminosa, abre-se outro espaço de criminalidade. Ao romper a barreira da esfera privada, torna-se duplamente culpabilizada, primeiro, pelo crime, e, segundo, por ter saído de seu papel tradicionalmente conferido. Especialmente no caso do crime de aborto, a mulher é culpabilizada, primeiro, por sua própria condição de mulher, pois a vedação legal ao aborto é, em si, a negação de uma condição propriamente feminina: somente mulheres podem ser punidas por essa conduta.

Em seguida, procuramos somar a discussão criminológica da mulher para uma abordagem da pena que procura compreender a sociologia do criminoso. Isto implica definir o que é crime e quem é o criminoso. Baratta (2002) faz uma apresentação do conjunto de ideias chamadas *labeling approach* ou "rotulacionismo". Nessa reação teórica, que é mais uma crítica ao paradigma tradicional da criminologia e não propriamente uma corrente teórica, procurou realizar uma etiologia do crime para entender as causas que levam uma pessoa a cometer um ato tido como criminoso. São diversos os autores que tratam a questão a partir de pontos de vista muito diferentes entre si, o que produz uma série de análises variadas.

A primeira é a noção de que a perseguição por uma etiologia do crime acaba por estimular um processo de criminalização de determinados personagens do cenário social, em um exercício que, desapercebidamente, reforça e reproduz uma dinâmica de estigmatização muito parecida com a realizada por Cesare Lombroso (apud Baratta, 2002): ao procurar as causas de um crime, o pesquisador constrói seu campo a partir do indicador mais óbvio, o criminoso; procura nele os traços que o caracterizam e distinguem. Contudo, com essa atitude, ignora que as instituições do sistema de Justiça Criminal não punem a todos por igual: alguns personagens são mais "puníveis" do que outros. Os crimes cometidos por alguns atores sociais não são tão perseguidos quanto outros. Assim, ao se tentar identificar o perfil do criminoso a partir do perfil de quem é punido, dificilmente serão encontrados representantes de determinados grupos sociais, o que dá uma falsa impressão de que apenas o primeiro grupo, o primeiro "tipo" de pessoa, com cor, idade e endereço de moradia específicos, comete crimes. Este recorte do sistema pode ser feito a partir de dois pontos, segundo os autores do "rotulacionismo": do ponto de vista da identidade (negros são mais punidos que brancos) e do ponto de vista da classe social (membros das classes mais pobres são mais punidos, regiões mais pobres são mais vigiadas etc.).

O que esta abordagem criminológica faz é estabelecer uma "profecia que se autorrealiza": ao olhar para os que estão presos localiza-se não os que mais cometem crimes, mas os que mais são punidos; concluindo que esses são os que mais cometem crimes, aumenta-se a vigilância sobre aqueles com determinadas características, o que aumenta o número de punidos em específicos grupos sociais. É razoável pensar que os personagens que não se localizam nesses grupos "mais puníveis" ou mais criminalizados encontram outras soluções, que os tiram ainda mais do "radar" do sistema de Justiça — questão que voltará com força durante a análise empírica desta pesquisa.

Esse raciocínio nos ajuda a pensar, de um lado, nos danos causados pela busca por uma etiologia do crime; e, de outro, nos leva à segunda contribuição do *labeling approach:* a questão que importa não é definir quem é o criminoso, mas quem define as dimensões fundamentais do fenômeno crime, ou seja, quem define o que é crime e quem define quem é o criminoso. Assim, essa perspectiva desloca a questão central da criminologia para os processos de definição das condutas que serão definidas como criminosas e as instituições que definem quem é o criminoso.

Voltando ao objeto do presente trabalho, isso permite refletir sobre outro elemento trazido pelo mesmo autor e que será mais bem esmiuçado à frente: até que ponto o sistema de Justiça Criminal se desdobra em um prolongamento de outras instituições informais de controle, como a família e o mercado? Pois, se esse desdobramento for verdadeiro, os conteúdos morais das normas e do processo de aplicação das normas realizam a definição do que é crime e de quem é criminoso prolongando também preconceitos e relações profundamente desequilibradas, tais quais são as relações havidas no seio da família e do mercado. O direito penal, de regulador, organizador da sociedade e, portanto, instrumento de busca por equilíbrio e controle das distorções criadas por relações como as mencionadas, torna-se um instrumento de consolidação dessas desigualdades geradas pelas diferenças. De um lado, o legislador faz um recorte de gênero ao estabelecer uma conduta que pode punir apenas mulheres; de outro, talvez o sistema de Justiça Criminal faça outros recortes, de classe e de raça, para punir essas pessoas. Os dados qualitativos trazidos pela pesquisa nos ajudam a verificar o nível de influência desta formulação.

Seguindo a agenda do grupo, no encontro posterior procuramos estabelecer uma discussão metodológica para consolidarmos um método não hegemônico de estudo de processos. Uma primeira possibilidade seria seguir o processo, digamos, tradicional: construir uma hipótese mediante teorias consagradas e ir a campo para testar estas ideias. O risco que se correria, inicialmente, seria o de se compor um campo limitado, pois ao mirar apenas um circuito restrito de perguntas (a hipótese), poderíamos deixar de capturar outras questões igualmente (ou até mais) importantes.

Assim, nas formulações de Becker (2007) encontramos um caminho para refletir sobre as categorias analíticas: como abordar os processos e deles extrair elementos que nos permitissem categorizar os argumentos presentes? O desafio até essa etapa foi a construção de um quadro analítico capaz de capturar uma gama de informações sobre nosso objeto — mulheres incriminadas por aborto no Rio de Janeiro — e realizar nosso objetivo: a reconstrução da trajetória das mulheres e a análise dos argumentos utilizados por cada parte (acusação, defesa e decisão) do processo.

O autor deixa ao menos duas pistas muito discutidas pelo grupo: a primeira é a ideia de deixar ao caso a definição dos conceitos. Trabalhar com uma bibliografia prévia, até para bem informar nossas representações, tem sempre o risco de produzir conceitos "prontos", acabados, pois, ao confrontarmos ideias e fatos, sempre corremos o risco de forçar os fatos para que eles caibam em nossas ideias. Uma forma de afastar esse risco é deixar que o campo de análise nos ajude a construir nossas categorias e as perguntas que faremos para responder à pergunta maior. É claro que é sempre mais rápido e simples fazer o contrário, forçar as ideias por sobre os dados, aparar as arestas dos casos, limitar nossa visão para responder às perguntas pré-fabricadas; mas, neste primeiro exercício que o autor propõe, podemos ter resultados mais completos.

O segundo exercício que ele propõe é o de isolar os elementos que se repetem em um caso, destacando os elementos que não se repetem, tornando-o único. Isso possibilita reconstruir os conceitos a partir de suas características mais singulares, sem deixar de lado os elementos que os conectam com outros conceitos.

A partir dessas bases metodológicas, o grupo dedicou-se a estudar a aplicação de algumas das ideias produzidas pela criminologia crítica a um grupo que, mesmo não sendo igual ao estudado nesta pesquisa, é semelhante em algumas características que podem ser importantes para a análise do processo pelo qual passa nosso objeto. O grupo discutiu o texto de Batista (2003), pois ele nos oferece aportes relevantes, primeiro, sobre características teóricas, condizentes à reflexão sobre os processos de criminalização de populações vulneráveis em abstrato, e, segundo, pois apresenta um panorama de algumas das tendências analíticas da criminologia crítica. Essa pesquisa, formulada na tese de doutoramento da autora, também demonstra uma investigação empírica semelhante ao que nos propomos realizar, uma vez que aplica essas teorias para a análise de jovens que cometeram infrações sob a égide do antigo "Código de Menores". Após a montagem do panorama teórico e das reflexões por ela desenvolvidas, a autora realiza um estudo com jovens em diversos períodos, que deram entrada no sistema de Justiça juvenil por porte/venda de substância ilícita entorpecente.

A conclusão alcançada pela autora se comunica com os demais textos até então estudados pelo grupo, representando um bom "estudo de caso" da aplicação destas ideias: a variável classe social e a variável identidade (negro/branco, morador de periferia/região central etc.) foram determinantes na criminalização desses personagens. Neste sentido, importa menos a conduta criminosa em si, confrontando a lei, e mais quem decide o que é crime e quem será punido. Com esse quadro teórico em vista, continuamos avançando nas leituras e análises dos processos.

Os dados empíricos: dimensão do problema e percepções iniciais dos operadores

Antes da coleta dos processos, procuramos traçar um quadro do fenômeno estudado. Assim, além da abordagem teórica descrita anteriormente, buscou-se estabelecer um cenário a partir de dados empíricos sobre o campo.

O TJRJ disponibilizou uma quantidade significativa de dados sobre casos desse tipo em um recorte de tempo predefinido. O grupo de pesquisadores tinha a noção de que encontraria poucos processos, embora o recorte de tempo fosse amplo (processos iniciados de 2007 a 2010). Essa percepção originava-se do conhecimento sobre esses processos, reforçada pelo contato com os operadores do sistema de Justiça entrevistados no início da pesquisa. Nossa expectativa era de que a incidência desse tipo de caso era pequena, pois dependia de política pública de segurança que normalmente focava suas atenções nas clínicas de aborto.

Assim, a incidência de mulheres processadas seria mais que residual, seria ocasional, presas apenas em situações definidas como "estouro de clínicas". Isso nos faz pensar em dois elementos: o primeiro é que a entrada destas mulheres dependeria muito mais de políticas do Executivo (políticas de segurança), que são sazonais e localizadas. Tais políticas não necessariamente atingem toda a cidade ou todo o estado ao mesmo tempo. O segundo elemento foi o reforçado por um dos entrevistados, que chegou a dizer que se fazia, nos Tribunais do Júri, uma espécie de "legalização informal do aborto", pois seria comum o oferecimento da suspensão condicional do processo,[7] instrumento jurídico que interrompe o processamento da ação e a produção de provas. Dessa forma, não ocorre a análise do mérito da questão, não se determinando se há autoria e materialidade na conduta a ser imputada como criminosa. Isso faz com que, em troca de determinadas condições, as mulheres, em geral, não cheguem à condenação.

O cenário pintado por estes operadores foi interessante do ponto de vista da mulher, mas despertou ainda mais a curiosidade dos pesquisadores para saberem se essa aquarela encontrava correspondência nos processos e nos dados quantitativos sobre os processos. Foram disponibilizados dois conjuntos de dados: o primeiro referiu-se à totalidade de casos iniciados no período referido, em todo o TJRJ, ou seja, com todas as comarcas do tribunal representadas (capital, região metropolitana e interior), conforme a tabela 1:

Tabela 1 | Ocorrência de casos de mulheres processadas por aborto no estado do Rio de Janeiro

Comarca	Ocorrências
Comarca da capital	37
Comarca de Duque de Caxias	15
Comarca de Belford Roxo	7
Comarca de Nova Iguaçu	7
Comarca de São João de Meriti	6

---

[7] Art. 89 da Lei nº 9.099/1990.

Comarca	Ocorrências
Comarca de Campos dos Goytacazes	4
Comarca de Itaguaí	4
Comarca de Petrópolis	3
Comarca de Queimados	3
Comarca de Mangaratiba	3
Comarca de Nilópolis	2
Comarca de Niterói	2
Comarca de São Gonçalo	2
Comarca de Teresópolis	2
Comarca de Volta Redonda	2
Comarca de Cabo Frio	2
Comarca de Araruama	1
Comarca de Barra Mansa	1
Comarca de Bom Jardim	1
Comarca de Bom Jesus de Itabapoana	1
Comarca de Búzios	1
Comarca de Cachoeiras de Macacu	1
Comarca de Cantagalo	1
Comarca de Guapimirim	1
Comarca de Itaboraí	1
Comarca de Itaocara	1
Comarca de Itaperuna	1
Comarca de Mendes	1
Comarca de Nova Friburgo	1
Comarca de Paty do Alferes	1
Comarca de Rio Bonito	1
Comarca de Rio Claro	1
Comarca de Santo Antônio de Pádua	1
Comarca de São João da Barra	1
Comarca de São José do Vale do Rio Preto	1
Comarca de São Pedro da Aldeia	1
Comarca de São Sebastião do Alto	1

Comarca	Ocorrências
Comarca de Saquarema	1
Comarca de Seropédica	1
Comarca de Silva Jardim	1
Comarca de Três Rios	1
Comarca de Valença	1
Comarca de Vassouras	1
Total	128

Fonte: Dados obtidos junto ao departamento de registro do TJRJ.

Esse tipo de dado de registros criminais nos desperta duas questões: a primeira se relaciona com o que muitos chamam de "subnotificação", ou seja, uma ocorrência de registros que não traduz propriamente a incidência do fenômeno (em nosso caso, de realização de aborto), ou seja, esse dado não nos diz a quantidade de pessoas que abortaram no período, nem o local; ele nos diz onde essas pessoas foram localizadas e inseridas no sistema de Justiça Criminal. Isso nos leva à segunda reflexão sobre esse tipo de dado, inclusive levantada por um dos entrevistados: a entrada desses dados no sistema de Justiça Criminal depende muito da política de segurança em determinado período, ou seja, se a questão do aborto é priorizada, o dado tende a aumentar; do contrário, a incidência baixa. Na tabela 1, o que temos é uma distribuição espacial; o dado fica mais interessante quando calculamos, na tabela 2, as ocorrências por região do estado e quando contabilizamos as ocorrências por 100 mil habitantes:

Tabela 2 | Acervo geral de processos com mulher incriminada por aborto por órgão segundo região e por 100 mil habitantes

Região	População	Ocorrências	Ocorrências/mil habitantes
Noroeste Fluminense	4.397.107	59	1,3418
Centro Fluminense	6.442.595	78	1,2107
Sul Fluminense	7.486.495	90	1,2022
Baixadas Litorâneas	6.991.644	84	1,2014

Região	População	Ocorrências	Ocorrências/mil habitantes
Norte Fluminense	5.124.089	57	1,1124
Metropolitana	13.661.241	126	0,9223

Fonte: Pesquisa Grupo Direitos Humanos, Poder Judiciário e Sociedade (2011).

A região metropolitana, Rio de Janeiro capital e entorno, que é a mais populosa e que possui o maior número absoluto de casos, é também a que apresenta a menor proporção de casos por mil habitantes (o quadro está organizado em ordem decrescente). Uma conclusão possível é a de que há maior entrada de casos, em termos absolutos, nas áreas mais centrais do estado, onde as políticas de segurança estão mais focadas; mas, em termos relativos, os casos em regiões mais afastadas são mais significativos.

Uma primeira leitura, ignorando esses alertas, poderia levar a concluir que há uma maior incidência de mulheres abortando na capital do estado, enquanto as ocorrências no restante do estado seriam bem pouco significativas. Essa percepção corroboraria a visão de que há uma "legalização informal do aborto", não apenas pelo Judiciário, mas também pelo Executivo. Entretanto, um olhar mais atento pode indicar que a diferença registrada é consequência das escolhas dessas políticas: este é um "problema" apenas da capital, não do interior; essas políticas de segurança estão direcionadas à "proteção" (considerando-se o argumento de que o "estouro de clínicas" pela polícia é motivado para reduzir as possibilidades de realização de aborto por mulheres) mais de determinados espaços que outros.

Antes de seguir para a análise dos dados sobre a comarca da capital, e ainda para entender a incidência do fenômeno no estado do Rio de Janeiro, podemos observar os dados sobre a incidência total de mulheres processadas por aborto no TJRJ. A partir deles, podemos perceber uma série histórica que revela crescimento nos últimos anos. A tabela 3 apresenta esses dados:

Tabela 3 | Série histórica de processos no TJRJ — art. 124, CP

Anos 1970	2
Anos 1980	9
Anos 1990	11
2000	9
2001	4
2002	3
2003	9
2004	6
2005	13
2006	11
2007	15
2008	25
2009	47
2010	41
Total	205

Fonte: Dados obtidos junto ao departamento de registro do TJRJ.

Essa série histórica pode ser mais bem observada a partir do gráfico 1:

Gráfico 1 | Série histórica de processos no TJRJ — art. 124, CP

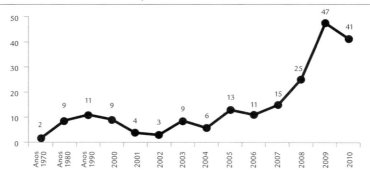

Fonte: Dados obtidos junto ao departamento de registro do TJRJ.

A curva é claramente ascendente, apesar de observarmos variação decrescente no último ano da série. Podemos perceber, ainda, uma guinada na curva entre 2006 e 2007. Algum fenômeno aconteceu nesse período que influenciou, não necessariamente, na ocorrência de abortos, mas na entrada de mulheres no sistema de Justiça Criminal por esse motivo. Repare-se, ainda, a baixa incidência antes dos anos 2000: somam 22 ocorrências, enquanto entre 2000 e 2009 esse número sobre para 142; resultando que só no período estudado nesta pesquisa (2006 a 2010) temos 128 casos. Esse é um fenômeno próprio dos anos 2000, especialmente do final da primeira década.

Ainda com os dados sobre a ocorrência do fenômeno no estado do Rio de Janeiro, e voltando para o recorte temporal de 2006 a 2010, temos informações não apenas sobre o início dos processos, mas também sobre seu estado atual, por meio da tabela 4:

Tabela 4 | Acervo geral de processos com mulher incriminada por aborto por tempo e órgão

Tipo de sentença	Sentença	N.	N.	%
Com decisão de mérito	Julgado improcedente o pedido	1	3	2,3%
	Julgado procedente o pedido/Condenatória	1		
	Proferida sentença de pronúncia	1		
Sem decisão de mérito	Arquivamento da representação	1	38	29,7%
	Art. 112 ECA — advertência	2		
	Art. 181 ECA — homologação da remissão	3		
	Art. 181 ECA — homologação do arquivamento	6		
	Art. 89, § 5º, da Lei nº 9.099/1995	6		
	Ext. punibilidade — outros motivos	2		
	Extinção da medida	3		
	Extinta a punibilidade por prescrição, decadência ou perempção	6		
	Extinto o processo por ausência das condições da ação	4		
	Interrupção da gravidez	3		
	Remissão judicial	2		
Processos em andamento	Em andamento	87	87	68%
Total		128	128	100%

Fonte: Dados obtidos junto ao departamento de registro do TJRJ.

Dos 128 processos localizados, apenas três (2,3%) haviam recebido decisão de mérito até o fechamento da pesquisa, ou seja, somente nesses havia alguma análise de conteúdo da ação por parte do juiz responsável. A maior parte ainda estava em andamento (68%) e um grupo significativo havia acabado sem decisão de mérito (29,7%). Dos terminados com decisão de mérito, um caso de improcedência do pedido (mulher absolvida), um caso de condenação e um caso de pronúncia (ou seja, encaminhamento ao Tribunal do Júri). O número muito baixo de ocorrências não permite comparar esses casos entre eles, com a finalidade de estabelecer um *ranking* de resultados, mas apenas em relação aos demais tipos de situação atual. O número de decisões sem apreciação de mérito é bem relevante e faz pensar que, de fato, a "legalização informal do aborto" faz parte de cerca de um terço dos casos analisados, embora um olhar mais detalhado demonstre que esse não é o único caminho pelo qual esses processos correm.

Questões técnicas-processuais também são bem relevantes, como em "Extinta a punibilidade por prescrição, decadência ou perempção", "Extinto o processo por ausência das condições da ação", "Arquivamento da representação" e "Ext. punibilidade – outros motivos", totalizando 13 casos (cerca de 10% das ocorrências totais, cerca de 34% (um terço) dos motivos para extinção do processo sem análise de mérito). Isso pode significar um uso "normal" das regras processuais em casos que não tiveram maior atenção do promotor de Justiça, o que em si pode significar negligência dada a esses casos, percepção que precisa ser mais bem verificada quando da observação direta dos processos.

Mas o campo de análise da pesquisa limita-se à comarca da capital. A tabela 5 mostra a ocorrência destes casos no tempo e por vara criminal, no interior da comarca:

Tabela 5 | Acervo geral de processos com mulher incriminada por aborto por tempo e órgão

	2007	2008	2009	2010	Total
Capital 1ª Vara Criminal	1	4	4	4	13
Capital 2ª Vara Criminal	0	0	0	0	0
Capital 3ª Vara Criminal	0	1	1	2	4
Capital 4ª Vara Criminal	1	3	2	4	10

▼

	2007	2008	2009	2010	Total
Capital I Juizado de Violência Doméstica Familiar	0	1	0	0	1
CGJ Serviço de Administração	0	0	1	1	2
CGJ Departamento de Distribuição	0	0	0	1	1
Total	2	9	8	12	31

Fonte: Dados obtidos junto ao departamento de registro do TJRJ.

Há uma discrepância entre os dados totais dessa tabela (31 processos) e a tabela anterior (37 ocorrências), que pode ser explicada pela presença de sete casos cujo juízo é o de crianças e adolescentes, que não entraram nessa parte dos dados disponibilizados pelo TJRJ — ou seja, nesse período, na comarca da capital, sete adolescentes foram processadas por aborto na comarca do Rio de Janeiro.

A trajetória desses casos pode ser mais bem visualizada pelo gráfico 2:

Gráfico 2 | Trajetória quantitativa dos processos de mulheres incriminadas por aborto entre 2007 e 2008, comarca da capital

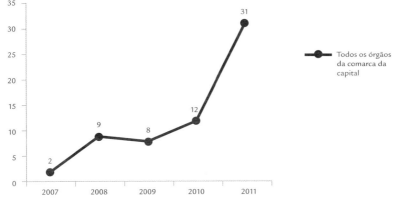

Fonte: Dados obtidos junto ao departamento de registro do TJRJ, sistematização da pesquisa DHPJS (2011).

Observa-se que há um aumento relevante de casos entre 2007 e 2008 (o que acompanha a série geral dos dados do estado, conforme o gráfico 1), dado que se estabiliza até 2009, recuperando crescimento significativo em 2010. As possíveis causas desta curva decrescente indicam novos caminhos de pesquisa que poderão ser analisados em outras agendas do grupo, já que a preocupação aqui é a de construir meios de análise dos processos e seus argumentos de forma qualitativa.

Observando os processos:
emprestando legibilidade aos argumentos e às trajetórias

Depois de definidos os contornos do fenômeno, o passo seguinte foi o de organizar uma leitura sobre os processos que permitisse colher percepções dos diferentes personagens da ação: acusação, defesa e decisão. A intenção era a de localizar os argumentos de cada parte para classificá-los de forma a dizer quais teriam características de ordem puramente jurídica ("técnica jurídica") e quais são os argumentos de ordem não jurídica (que articulem percepções mais amplas, morais, religiosas etc.). Para isso, fomos coletar os processos de acordo com a lista disponibilizada pelo próprio TJRJ, que contava com o número do processo e a vara onde se encontrava.

A equipe do grupo destacada para essa pesquisa contava com dois advogados e três estudantes de graduação; no momento atual, outras duas advogadas juntaram-se à equipe. As idas ao Fórum Central para coletar estes processos foram relativamente satisfatórias. Um problema com o qual lidamos é o elevado número de processos arquivados: 22 de 37. Dos 15 processos fora do arquivo, dois estão em sede de Infância e Juventude, o que significa que correm em segredo de Justiça e o universo de processos disponíveis reduz-se para 13. Ainda, entre os 13, apenas oito foram localizados nos cartórios das varas criminais correspondentes. É possível que os outros cinco, no intervalo de tempo entre coleta, organização e envio dos dados pelo TJRJ, tenham ido também para o arquivo. Este artigo apresenta a análise dos processos coletados, uma vez que, paralelamente, espera-se a resposta quanto às petições de desarquivamento para o Arquivo Central do TJRJ e para a Vara da Infância e Juventude. Nesse procedimento fica clara a necessidade de utilização de prerrogativas técnicas, realizados por advogados, para solicitar o acesso aos processos, uma vez que a mera justificativa da pesquisa, mesmo que legítima, não fora suficiente para alcançarmos aqueles processos fora de andamento.

Apesar do dimensionamento do problema (tema do item anterior) ter lidado com dados de natureza quantitativa, a proposta de análise destes casos é absolutamente qualitativa. Isso reduz possíveis problemas causados pelo tamanho do universo de dados: não se pretende fazer generalizações sobre os resultados; pretende-se lançar um olhar mais aprofundado sobre esses processos que nos permita conhecer e compreender melhor a trajetória das mulheres incriminadas por aborto no sistema de Justiça.

Após a coleta dos dados, o esforço seguinte foi o de estabelecer um método, um quadro analítico que nos permitisse realizar nossos objetivos em relação ao fenômeno estudado. Como dito antes, a equipe preocupou-se em não construir uma rede de categorias "pré-fabricadas" e aplicá-las aos dados, evitando assim o risco de "aparar" os dados para caberem nas teorias; pelo contrário, nosso esforço está em "deixar que os casos definam os conceitos". Dessa maneira, a primeira iniciativa foi a de registrar o fluxo dos processos, assinalando cada etapa pela qual a mulher passou, contendo datas, argumentos e sequência de fatos. Nessa fase, foram produzidas fichas de fluxo processual, narrando as etapas de cada caso e características das rés.

A etapa seguinte foi a de localização e categorização dos argumentos, para ao final fazer com que esses dados dialogassem com as teorias antes apresentadas. Essa etapa depende da conclusão da análise do conjunto dos processos selecionados, portanto, ainda está sendo realizada. Neste artigo apresentaremos os dados por ora obtidos nessa etapa de localização e categorização dos argumentos, mas principalmente iremos nos deter na leitura sobre a trajetória evidenciada pelos processos.

Na descrição dos casos, aplicamos um quadro de perguntas em três eixos:

a) *Definição da personagem*. Este eixo se dividiu em três tipos de dados: 1.1 Dados socioeconômicos da autora (se trabalha; onde trabalha; salário/remuneração; onde mora; se possui filhos; faixa etária; estado civil; se possui antecedentes criminais); 1.2 Método abortivo empregado; 1.3 Como entrou no sistema de Justiça Criminal (se por "batida" policial — o "estouro" de clínica —, se via sistema de saúde, se por denúncia etc.).

b) *Fluxo do processo*. Aqui se procurou analisar o "tempo" e as etapas pelos quais a autora passou no processo, quais peças foram produzidas e que medidas de controle foram tomadas.

c) *Argumentos*. Por fim, procurou-se estabelecer que argumentos foram articulados por cada uma das partes — acusação, defesa e decisão —, classificando-os a partir de suas características distintivas para permitir a identificação da presença de elementos que influenciam a construção social de cada visão sobre o objeto.

O resultado foi uma coleção de fatos e características que muito revelam sobre o sistema de Justiça. Quanto ao perfil das personagens, foram encontradas tanto jovens entre 18 e 20 anos quanto mulheres mais maduras, entre 28 e 31 anos. Importante lembrar que, dos processos ativos na comarca da capital, oito estavam na Vara da Infância e da Juventude, ou seja, as autoras não chegavam aos 18 anos completos. Outros dados socioeconômicos variavam, e o tratamento por parte do sistema de Justiça também variava: a única ré com profissão (professora), casada, que poderia ser classificada como de classe média, teve fiança arbitrada em R$ 350,00. Ela e sua família (marido, dois filhos e um enteado) perderam todas as posses em uma enchente, estavam morando na casa de parentes quando veio a confirmação da gravidez. Esta autora fora presa mediante denúncia anônima, que levou a polícia a localizar uma clínica clandestina. Entre prisão em flagrante e arbitramento da fiança transcorreram cinco dias.

Já outra acusada, que admitiu ter realizado outros abortos, mãe de quatro filhos, ficou detida por um mês e meio antes que a fiança fosse arbitrada. Outra acusada, de 19 anos, sem formação escolar, sem emprego fixo, com apenas o primeiro grau completo, moradora da região conhecida como "Vila Mimosa",[8] teve a fiança arbitrada em R$ 3.000,00, pois, segundo relato do delegado, mentiu sobre seu nome. Há ainda o caso da jovem que foi ao hospital por conta de hemorragia proveniente do método abortivo e foi abordada por uma pessoa que se identificou como assistente social do hospital. Essa pessoa a convenceu a contar o que houve e, ao relatar o ocorrido e confessar o aborto, foi presa pelo falso atendente, quando ele revelou ser um policial. Ela ficou cerca de um

---

[8] Região de prostituição no Rio de Janeiro.

mês algemada na maca do hospital, pois era incapaz de pagar a fiança de R$ 2.000,00. Ficou no hospital algemada, sofrendo ainda os efeitos da hemorragia, e só foi libertada da "prisão hospitalar" quando a Defensoria Pública entrou no processo indicando uma defensora para representá-la.

Na maior parte dos casos estudados, a entrada no sistema de Justiça Criminal se deu pelo sistema público de saúde: o método abortivo mais comum foi o uso de medicamentos ou "garrafadas" (remédios caseiros). A maioria das mulheres incriminadas procurou o sistema de saúde pelo fato de o método abortivo ter tido consequências desastrosas, como hemorragias e danos mais graves, e ao acessarem o sistema público de saúde foram capturadas e denunciadas por esses agentes. Este dado nos faz pensar sobre a necessidade de um debate público amplo sobre a descriminalização do aborto e a formulação de políticas públicas capazes de atender as mulheres nessas situações, especialmente aquelas que não possuem condições de arcar com os custos das clínicas particulares clandestinas. Contudo, como este não é o objetivo do trabalho, vamos seguir as conclusões desta fase do estudo.

Considerações finais

As observações lançadas sobre o sistema de Justiça no caso do fluxo de incriminação das mulheres por aborto não nos trouxeram conclusões e soluções para o problema — o que estava longe de ser nosso objetivo com esta pesquisa —, mas sim a possibilidade de traçar um conjunto de novas hipóteses que procuram relacionar a descrição construída com a própria estrutura do sistema penal do Rio de Janeiro.

Podemos afirmar que a incidência e/ou vigilância em relação ao crime de aborto no estado do Rio de Janeiro é desigual, o que, por sua vez, reflete a forma de tratar a questão nas diferentes regiões do estado e no país. Sabendo que muitas mulheres acessam o sistema de saúde para realizar procedimentos pós-abortivos, talvez fosse possível contrapor essa primeira conclusão com a incidência de casos alegados, como em entrevistas qualitativas e *surveys* que tentam quantificar a realização de abortos. Assim, poderíamos ver a brutal diferença entre o número de abortos realizados e o número de processos contra essas mulheres.

Uma primeira leitura dos dados quantitativos exploratórios pode produzir a conclusão precipitada de que as próprias autoridades policiais não se preocupam com a questão, pois só há aumento de casos quando é registrado um "estouro" de clínica. Entretanto, o que a leitura dos processos nos trouxe foi a incidência de entradas no sistema de Justiça via polícia militar, ou seja, é muito mais comum que uma mulher seja incriminada por aborto quando ela utiliza um método abortivo "caseiro" (remédios obtidos no mercado paralelo e outros métodos) do que quando ela recorre à clínica. Estes casos são justamente aqueles nos quais o procedimento dá errado (a mulher reage à medicação) e necessita do sistema público de saúde; lá, um servidor público (em alguns casos, o médico do posto, em outros, um policial militar de plantão) a encaminha para a polícia.

Esse aspecto demonstra claramente o recorte socioeconômico dessa modalidade de criminalização: a maior parte das mulheres que utiliza os serviços públicos de saúde é pobre, muitas das quais desempregadas ou com ocupações de baixa remuneração. Em geral, o perfil da mulher se repetia: pobre, pouco instruída, moradora de periferia. Contudo, esse não é, necessariamente, o perfil das mulheres que fazem aborto, mas sim o perfil das mulheres que *são presas* por terem feito aborto. Desse aspecto percebe-se uma grande diferença. O sistema captura apenas algumas mulheres, as que necessitam se submeter à saúde pública. Aquelas que encontram outras soluções privadas não são atingidas. Há aqui um claro retrato do recorte socioeconômico.

Outro aspecto que levantamos diz respeito à situação da mulher no sistema de Justiça Criminal. Seu tratamento, quando se observa a incriminação por aborto, não é tão simples como se imaginara. Embora os dados quantitativos indiquem certa passividade por parte dos diversos atores do sistema de Justiça Criminal, a análise qualitativa denota tratamento por vezes implacável: em mais de um caso, a mulher hospitalizada por conta de complicações posteriores ao procedimento (hemorragia interna) ficou algemada à cama; em outro, ficou presa por mais de dois meses.

A questão que se coloca é muito mais complexa do que se imaginava ao começar a pesquisa. Não se trata de um cenário claramente dicotômico entre explícita criminalização ou tratamento suave. A posição da mulher como agente criminoso no sistema de Justiça traz consigo a posição da mulher em uma sociedade que aparentemente se pretende avançando nas questões da igualdade entre os gêneros. Por outro lado, somam-se as questões socioeconômicas, que trazem uma questão estrutural fundamental: há um claro corte de classe no processo de incriminação das mulheres por aborto. As mais pobres e mais dependentes do sistema público de saúde sofrem punições claramente mais severas no que diz respeito ao valor da fiança e ao tratamento no momento da detenção. Essas conclusões demonstram o quanto há uma dupla seletividade nos processos de incriminação feminina: primeiro, o ultraje da perseguição e o impedimento da disposição do próprio corpo, e, segundo, a seleção sobre a própria condição econômica.

Como temos percebido em todas as pesquisas conduzidas pelo grupo, o sistema de Justiça continua uma "caixa-preta". Nosso papel, como pesquisadores preocupados com a garantia de direitos humanos realmente preenchidos de conteúdo, é desvendar os processos de exclusão realizados no interior do próprio direito e, ressaltando seus limites e deficiências, provocar modificações na esfera das instituições de Justiça. Assim, essa certamente não é uma discussão entre favoráveis e contrários ao aborto, como poderia parecer a um leitor desavisado.

Referências

BARATTA, Alessandro. *Criminologia crítica e crítica do direito penal*. 3. ed. Rio de Janeiro: Revan; Instituto Carioca de Criminologia, 2002.

_____. O paradigma de gênero. In: CAMPOS, Carmen Hein (Org.). *Criminologia e feminismo*. Porto Alegre: Sulina, 1999. p. 19-80.

BATISTA, Vera Malaguti. *Difíceis ganhos fáceis*: drogas e juventude pobre no Rio de Janeiro. 2. ed. Rio de Janeiro: Revan; Instituto Carioca de Criminologia, 2003.

BECKER, Howard. S. *Segredos e truques de pesquisa*. Rio de Janeiro: Zahar, 2007.

CUNHA, José Ricardo; DINIZ, Andrea; GARRIDO, Alexandre. Direitos humanos no Tribunal de Justiça do Rio de Janeiro: uma pesquisa sobre o nível de justiciabilidade.

In: ENCONTRO DO CONSELHO NACIONAL DE PESQUISA E PÓS-GRADUAÇÃO EM DIREITO, XIII. *Anais*. Florianópolis: Fundação Boiteux, 2005. p. 795-814.

_____ et al. Direitos humanos globais e Poder Judiciário: uma análise empírica sobre reconhecimento e aplicação das normas dos sistemas ONU e OEA no Tribunal de Justiça do Rio de Janeiro. *Novos Estudos Jurídicos*, Itajaí, v. 13, n. 2, p. 133-176, 2008.

_____ et al. Direitos humanos no Tribunal de Justiça do Rio de Janeiro: concepção, formação e atuação. *Revista Estado, Direito e Sociedade*, Rio de Janeiro, n. 22-23, p. 144-175, 2003.

_____; WERNECK, Diego; GARRIDO, Alexandre. Possibilidades e limites da criatividade judicial: a relação entre estado de direito e argumentação jurídica razoável (e o problema do desconhecimento dos direitos humanos). *Revista Brasileira de Direito Constitucional*, São Paulo, n. 6, p. 523-552, 2006.

EMMERICK, Rulian; HORA, Gleyde Selma da; SCIAMMARELLA, Ana Paula. Aborto e direitos humanos: ações e estratégias de proteção dos direitos sexuais e direitos reprodutivos. In: IPAS BRASIL. *Dados e reflexões sobre a condição de ilegalidade do aborto no âmbito da saúde e da Justiça*. Rio de Janeiro: Advocaci; Ipas Brasil, 2007. p. 8-38. Disponível em: <www.ipas.org/Publications/asset_upload_file191_3554.pdf>.

ROCHA, Maria Isabel Baltar. A discussão política sobre aborto no Brasil: uma síntese. *Revista Brasileira de Estudos da População*, São Paulo, 2006. Disponível em: <www.scielo.br/pdf/rbepop/v23n2/a11v23n2.pdf>.

Sobre os autores

ANA CAROLINA CARLOS DE OLIVEIRA

Mestranda em direito penal na Faculdade de Direito da Universidade de São Paulo (USP) e em direito penal pela Universidade de Barcelona. Graduada em direito pela USP. Especialista em direito penal internacional pelo Instituto Internacional de Ciências Criminais (Siracusa, Itália).

CAROLINA ALVES VESTENA

Doutoranda em direito pela Universidade do Estado do Rio de Janeiro (Uerj) e mestre pelo Programa de Mestrado Profissional em Poder Judiciário da Escola de Direito do Rio de Janeiro da Fundação Getulio Vargas (FGV Direito Rio).

DOUGLAS DE BARROS IBARRA PAPA

Advogado, mestrando em direito penal pela Faculdade de Direito da USP, graduado em direito pela Universidade Federal de Mato Grosso (UFMT) (2009).

FABIANA LUCI DE OLIVEIRA

Professora e coordenadora do Núcleo de Pesquisa do Centro de Justiça e Sociedade da FGV Direito Rio. É doutora em ciências sociais pela Universidade

Federal de São Carlos (UFSCar), com doutorado-sanduíche em sociologia pela Northwestern University (Chicago, IL), e pós-doutorado em ciência política pela USP.

JOSÉ RICARDO CUNHA
Doutor em direito pela Universidade Federal de Santa Catarina (UFSC) e professor da Faculdade de Direito da Uerj e da FGV Direito Rio.

LEANDRO MOLHANO RIBEIRO
Doutor em ciência política pelo Instituto Universitário de Pesquisas do Rio de Janeiro (Iuperj) e professor da FGV Direito Rio.

MARIA TEREZA AINA SADEK
Doutora em ciência política, professora do Departamento de Ciência Política da USP e diretora de pesquisa do Centro Brasileiro de Estudos e Pesquisas Judiciais (Cebepej).

PIERPAOLO CRUZ BOTTINI
Advogado, doutor em direito penal da Faculdade de Direito da USP, membro da diretoria da Associação Internacional de Direito Penal (seção brasileira) e coordenador do Curso de Pós-Graduação de Direito Penal e Processual Penal do Instituto Brasiliense de Direito Público (IDP). Foi secretário da Reforma do Judiciário do Ministério da Justiça (2005-07) e membro efetivo do Conselho Nacional de Política Criminal e Penitenciária (CNPCP) (2008-10).

ROBERTO FRAGALE FILHO
Professor do Mestrado Profissional em Poder Judiciário da FGV do Rio de Janeiro, professor do Programa de Pós-graduação em Sociologia e Direito da Universidade Federal Fluminense (UFF) e juiz do trabalho titular da 1ª Vara do Trabalho de São João de Meriti (RJ).

RODOLFO NORONHA

Doutorando e mestre em sociologia e direito pela UFF. Especialista em gestão de direitos humanos pela Universidade Candido Mendes (Ucam) e em políticas públicas de Justiça Criminal e segurança pública pela UFF. Professor dos cursos on-line da FGV Direito Rio.

THAÍSA BERNHARDT RIBEIRO

Advogada, mestranda em direito penal pela Faculdade de Direito da USP, na qual se graduou em direito (2009).

Esta obra foi produzida nas
oficinas da Imos Gráfica e Editora na
cidade do Rio de Janeiro